노먼 맬컴 《회상록》 개정판
비트겐슈타인의 추억

LUDWIG WITTGENSTEIN: A MEMOIR, REISSUE

Originally published in English in 2001.
This translation is published by arrangement with Oxford University Press.

Biographical Sketch ⓒ G. H. von Wright 1954, 1967, 1982, 2001
Memoir ⓒ Norman Malcolm 1958, 1984, 2001
Letters ⓒ G. E. M. Anscombe, R. Rhees, and G. H. von Wright 1984, 2001
All rights reserved.

Korean translation copyright ⓒ 2013 by Purun Communication
Korean translation rights arranged with Oxford University Press
through EYA(Eric Yang agency).

이 책의 한국어판 저작권은 EYA(Eric Yang agency)를 통해 Oxford University Press와 독점계약한 '푸른커뮤니케이션' 에 있습니다. 저작권법에 의하여 한국 내에서 보호를 받는 저작물이므로 무단전재와 무단복제를 금합니다.

노먼 맬컴 《회상록》 개정판

비트겐슈타인의 추억

노먼 맬컴 지음 | 이윤 옮김

P 필로소픽

목차

서문 · 6

1부
전기적 소묘 _예오리 헨리크 폰 브릭트 · 9

2부
비트겐슈타인 회상록 _노먼 맬컴 · 33

　비트겐슈타인과의 만남 (1938.10.~1940.2.) · 34
　비트겐슈타인과의 서신 왕래 I (1940.3.~1946.4.) · 49
　다시 케임브리지에서 (1946년 가을~1947년 여름) · 63
　비트겐슈타인과의 서신 왕래 II (1947.8.~1949.6.) · 96
　비트겐슈타인의 미국 방문 (1949.7.~1949.10.) · 110
　비트겐슈타인의 마지막 날들 (1949.10.~1951.4.) · 124
　부기 · 132

3부
비트겐슈타인이 노먼 맬컴에게 보낸 편지들 · 137

주 · 231
찾아보기 · 237

개정판 **서문**

이 책은 세 부분으로 구성되어 있다. 예오리 헨리크 폰 브릭트Georg Henrik von Wright가 쓴 〈전기적 소묘Biographical Sketch〉, 내가 쓴 〈회상록Memoir〉, 그리고 내가 비트겐슈타인에게서 받은 편지들(나의 코멘트 포함)의 전문이다.

먼저 〈전기적 소묘〉는 1954년 스웨덴어로 핀란드 철학학회Philosophical Society of Finland의 연감에 게재되었다. 영문판은 《철학 리뷰 Philosophical Review》에 다음 해에 수록되었고, 1958년에 이 책 《회상록》의 초판에 다시 실렸다. 폰 브릭트 교수는 이 책의 1967년 재판 reprint 때 〈소묘〉를 많이 교정, 수정했고 1982년 〈소묘〉가 자신의 책 《비트겐슈타인Wittgenstein》의 에세이 중 하나로 포함되었을 때 또 한 번 수정을 했다.

이번 개정판의 가장 주목할 만한 특징은 1940~1951년 사이 11년 동안 내가 비트겐슈타인에게 받은 편지들을 전부 실었다는 점이다. 이 편지들은 영어 손 글씨로 쓰였다. 이 책 말미에 실린 인쇄본 편지와 〈회상록〉 본문의 편지 인용에서 비트겐슈타인의 문법, 구두점 및 철자는 그대로 두었다.

비록 〈회상록〉에서도 편지에서 수많은 인용을 했지만, 〈회상록〉만 읽을 때보다는 편지 전문을 읽을 때 비트겐슈타인의 성격과 개성을 더 생생하게 느낄 수 있을 것이다. 우리는 편지를 읽으면서 그에게 우정이 얼마나 중요했는지, 그리고 그가 친구들의 건강과 안녕을 얼마나 염려했는지 알게 된다. 그는 때때로 친구들에게 경고하고 조언하고 심지어 꾸짖었지만, 편지는 그가 얼마나 꾸밈없는 사람이었는지를 보여준다. 그가 장난치고 사소한 농담을 하는 모습과 그의 애정 어린 따뜻한 성품을 보여준다. 한마디로 편지들은 비트겐슈타인의 '인간적' 풍모를 다른 어떤 것들보다 잘 보여준다. 따라서 편지들은 이 〈회상록〉을 적절하게 보완하는 역할을 한다.

《회상록》자체는 1958년 처음 출간된 이래 개정된 적이 없었다. 이번 판에서도 이야기는 손대지 않았다. 주요한 수정은 인용문을 대폭 줄여 중복되는 내용을 줄였다는 것이다. 편지들의 전문에 번호를 매겼고, 인용문 끝의 각괄호([ ]) 속 숫자들로 출처를 밝혔다. 〈회상록〉의 말미에는 몇 가지 부기를 달았다.

노먼 맬컴
1984

1부 전기적 소묘 - 에오리 핸리크존 보덕트

1951년 4월 29일 케임브리지에서 우리 시대의 가장 위대하고 영향력 있는 철학자 루트비히 비트겐슈타인이 세상을 떠났다.

비트겐슈타인은 정작 본인은 승인하지 않았던 두 중요한 학파에게 영감을 주었다고 일컬어진다. 하나는 논리실증주의 혹은 논리적 경험론으로 2차 대전 직전 10년 동안 철학계에서 탁월한 역할을 했다. 다른 하나는 다소 잡다한 트렌드로서 **하나의** 이름으로 묶기가 힘들다. 초기 단계에서는 케임브리지 분석학파로 불리기도 했는데 2차 대전 이후에는 그 영향력이 옥스퍼드를 지배했다. 이 운동은 언어철학 또는 옥스퍼드학파로 알려지게 되었다.

비트겐슈타인의 철학이 현대 사상의 이 두 사조에 중요한 역할을 한 것은 사실이다. 먼저 그의 초기 저작인 《논리철학논고*Tractatus Logico-Philosophicus*》와 그가 빈학파의 일부 멤버들과 나눈 토론이 그랬고, 다음으로 케임브리지에서 한 강의와 생전에 출간하지 않았던 연구 성과들이 그러했다. 비트겐슈타인이 자신의 영향이 불러온 결과를 인정하지 않으려 한 것은 부분적으로 사실이다. 그는 자신의 연구와 사상이 불러온 세간의 논의에 참여하지 않았다. 그는 자기 사상이 대체로 오해되고 왜곡되고 있다고 생각했다. 심지어 제자라고 자칭하는 이들에 의해서도 말이다. 향후에도 자기의 철학이 올바로 이해될 수 있을지 의심했다. 그는 언젠가 자신이 현재의 인간들과는 전혀 다른 방식으로 생각하고 다른 생명의 공기를 마시는 사람들을 위해, 말하자면 다른 문화의 사람들을 위해서[1] 글을 쓰고 있는 것 같다고 말하기도 했다. 이것이 자신의 후기 작품을 스스로 출판하지 않은 이유 중 **하나**였다.

비트겐슈타인은 사람들에게 알려지는 걸 기피했다. 바람직하지 않다고 생각하는 주변과의 접촉을 모두 피했다. 그래서 가족과 개인적인 친구들 외에는 그의 삶과 성격을 거의 알지 못했다. 이 때문에 그의 성격에 관한 터무니없는 소문이 돌고 그의 가르침에 대한 광범위한 오해가 생겼다. 그의 부고 기사에 실린 자료들은 오류투성이였고, 비트겐슈타인에 관한 전기적 논문들 대부분의 분위기는 내가 보기에 주제와 동떨어졌다.

루트비히 요제프 요한 비트겐슈타인은 1889년 4월 26일 빈에서 태어났다. 비트겐슈타인 가문은 작센에서 오스트리아로 이주한 유대계 혈통이었다. 통상 말해지는 것과는 달리, 성이 같은 비트겐슈타인 왕가와는 관계가 없다. 비트겐슈타인의 할아버지는 유대교에서 개신교로 개종했고 어머니는 로마 가톨릭이었다. 비트겐슈타인은 가톨릭교회에서 세례를 받았다.

비트겐슈타인의 아버지는 명민한 두뇌와 강한 의지력을 가진 사람이었다. 그는 엔지니어에서 시작해 오스트리아-헝가리 제국의 철강업계를 이끄는 인물이 되었다. 비트겐슈타인의 어머니는 가족의 예술적 소질과 성향에 큰 영향을 끼쳤다. 아버지와 어머니 모두 음악적 안목이 탁월했다. 부유하고 교양 있던 비트겐슈타인 가문의 저택은 음악 생활의 중심지였다. 요하네스 브람스Johannes

Brahms가 그들의 가까운 친구였다.

　루트비히는 다섯 형제와 세 누이 가운데 막내였다. 모든 형제자매들이 품성 및 지적, 예술적 재능이 탁월했다. 루트비히는 의심할 여지 없이 가장 비상한 인물이었다. 비록 그는 남들과 다르게 보이려는 욕망 따위의 허영심으로부터 자유로웠지만, 주변과 날카롭게 구분되어 두드러지는 것은 불가피했다. 그가 정신병의 경계선 위에서 살았다는 것은 아마도 사실일 것이다. 그는 일평생 그 경계선을 넘을까 봐 두려워했다. 그러나 그의 작품에 병적인 데가 있다고 말하는 것은 옳지 않다. 그의 저작은 심오하게 독창적이지만 전혀 괴팍하지는 않다. 자연스러움과 솔직함을 담고 있으며 그의 두드러지는 성격인 부자연스러움에서도 자유롭다.

　비트겐슈타인은 열네 살까지 가정에서 교육받았다. 그 후 3년간 상(上) 오스트리아 린츠의 학교에서 공부했다. 그는 빈에서 볼츠만 Ludwig Boltzmann과 물리학을 공부하고 싶어 했지만 볼츠만이 비트겐슈타인이 졸업한 1906년에 죽었기 때문에 베를린 샤를로텐부르크의 기능 대학Technische Hochschule으로 진학했다.

　공학을 선택한 것은 아버지의 영향이라기보다는 비트겐슈타인 자신의 초기 관심사와 재능에 따른 것이었다. 그는 평생 기계류에 상당한 관심을 가졌다. 어린 시절에는 재봉기계를 만들어 칭찬을 받기도 했다. 노년에도 사우스켄싱턴 박물관South Kensington Museum에서 자신이 애호하는 증기엔진을 보면서 하루를 보내곤 했다. 기계가 고장 났을 때 기계를 고친 일화도 몇 가지 있다.

　비트겐슈타인은 1908년 봄까지 베를린에 있다가 영국으로 갔다. 1908년 여름에 그는 더비셔의 글로소프Glossop 부근에 있는 카이트플라잉 상층기상연구소Kite Flying Upper Atmosphere Station에서 연을 실험하고 있었다. 그해 가을에는 맨체스터 대학교 공학과에 연구 학생으로 등록했다. 그는 1911년 가을까지 학적을 유지했지만, 상당 기간을 대륙에서 보냈다. 연날리기 실험으로부터 비행기용 제트 반동 프로펠러 제작으로 관심 분야를 바꾸었다. 처음에 그의 관심을 끈 것은 엔진이었는데, 곧 프로펠러 설계에 집중하게 되었다. 이것은 본질적으로 수학적 작업이었다. 비트겐슈타인의 관심이 이동하기 시작한 것은 이때였다. 처음에는 순수수학으로, 다음에는 수학의 기초로 관심 분야가 바뀌었다.

언젠가 비트겐슈타인은 맨체스터 시절 그가 연구한 문제가 매우 긴급한 문제가 되었다고 말한 적이 있는데 그 문제에 흥미가 없어서 좀 더 자세히 물어보지 않은 게 후회된다. 반동 엔진이 특히 항공학에서 수행하게 될 역할에 대해 그가 생각하고 있었던 게 아닌가 추측한다.[2]

비트겐슈타인의 삶에서 1906년에서 1912년 사이는 자신의 소명을 찾기 위한 고통스런 모색과 최종적인 깨달음의 시기였다. 그는 내게 그 시절이 무척 불행했다고 말했다. 독일에서 영국으로 간 것, 연날리기 실험, 제트 엔진 제작, 프로펠러 설계, 순수수학에 대한 흥미, 그리고 마지막으로 수리철학에 대한 관심 등 이미 시작했던 연구를 중단하고 새로운 분야로 여러 차례 도피한 것은 그의 불안을 여실히 보여준다.

비트겐슈타인은 누군가에게 수학의 기초에 대한 책을 소개해달라고 부탁해 1903년에 나온 버트런드 러셀Bertrand Russell의 《수학의 원리 The Principles of Mathematics》를 추천받았다고 한다. 이 책이 비트겐슈타인의 성장에 심대한 영향을 끼쳤다는 것은 분명해 보인다. 프레게Gottlob Frege의 연구를 공부하게 된 것도 아마 이 책 때문인 듯하다. 프레게와 러셀이 대표했던 '새' 논리학은 비트겐슈타인이 철학으로 입문하게 된 통로가 되었다.

내가 올바로 기억하고 있다면,[3] 비트겐슈타인은 내게 젊은 시절 쇼펜하우어Arthur Schopenhauer의 《의지와 표상으로서의 세계Die Welt als Wille und Vorstellung》를 읽었고 자신의 첫 철학은 쇼펜하우어의 관념론적 인식론이었다고 말했다. 나는 이러한 관심이 어떻게 논리학과 수리철학에 대한 관심과 관계되는지 알지 못한다. 단지 프레게의 개념적 실재론이 초기의 관념론적 견해를 포기하도록 만들었다는 그의 말을 기억할 뿐이다.

공학에 대한 연구를 포기하기로 결심한 후, 비트겐슈타인은 먼저 독일 예나로 가서 프레게와 자신의 계획을 의논했다. 프레게는 비트겐슈타인에게 케임브리지로 가서 러셀과 공부하라고 조언했고, 비트겐슈타인은 이를 따랐다.[4]

이때가 아마도 1911년 가을이었던 것 같다.[5] 다음 해 초 그는 트리니티 칼리지에 입학이 허가되어 처음에는 학부생으로, 나중에는 '상급생advanced student'으로 등록할 수 있었다. 비트겐슈타인은 1912년의 세 학기와 1913년의 처음 두 학기 동안 케임브리지에 있었다. 1913년 초가을에 그는 케임브리지에서 알게 된 친구이자 젊은 수학자인 데이비드 핀센트David Pinsent와 함께 노르웨이를 여행했다. 10월에는 잠시 영국에 돌아왔다가 혼자 노르웨이로 가서 베르겐 북동쪽 송네 피오르의 스키올텐Skjolden에 있는 농장에 거처를 잡았다. 1914년 1차 대전이 발발하기 전까지 대부분의 시간을 거기서 보냈다. 그는 노르웨이 시골과 주민들을 매우 좋아했고 나중에는 유창하게 말할 정도로 노르웨이어를 배웠다. 스키올덴의 외딴 마을에서 그는 오두막을 지어 완벽한 은둔 생활을 할 수 있었다.

1차 대전 이전의 10년은 케임브리지에서 예외적일 정도로 지적 활동이 활발했던 시기였다. 버트런드 러셀은 전성기의 정점에 도달했다. 그는 화이트헤드A.N.Whitehead와 함께 《수학 원리 Principia Mathematica》를 썼는데, 이 책은 논리학의 역사에 획기적인 사건이었다. 가장 영향력 있는 철학자는 무어G.E. Moore였다. 비트겐슈타인은 금세 러셀과 친밀해졌고[6] 무어, 화이트헤드와도 자주 만났다. 초기 케임브리지 시절 비트겐슈타인의 친구들 가운데는 경제학자인 케인스J.M. Keynes와 수학자인 하디G.H. Hardy, 논리학자 존슨W.E. Johnson이 있었다. 비트겐슈타인의 《논고》는 전쟁 중에 사망한 데이비드 핀센트에게 헌정되었다.

케임브리지에서 비트겐슈타인은 철학 외에 심리학 분야의 실험을 하기도 했다. 그는 심리학 연구실에서 음악의 리듬에 관한 조사를 했다. 그는 실험이 자신의 관심 분야인 미학의 몇 가지 문제에 대해 실마리를 던져주지 않을까 기대했다. 비트겐슈타인은 전문가적 기준으로 볼 때도 음악적 소양이 특별히 뛰어났다. 클라리넷을 연주했고 한때 지휘자가 되기를 바란 적도 있었다. 휘파람에도 보기 드문 재능이 있었다. 그가 휘파람으로 연주하는 협주곡 한 곡 전체를 듣는 건 매우 즐거운 일이었다. 그는 듣는 이가 음악적 질감의 어떤 세부 사항에 주의를 기울이도록 할 때에만 잠시 멈추고는 연주를 계속했다.

이 시기 비트겐슈타인에 대한 정보의 중요한 원천은 러셀에게 쓴 편지들이다. 다른 원천은 케임브리지 생활 및 아이슬란드와 노르웨이 여행을 함께했던 핀센트의 일기다. 이 편지들과 일기는 청년 비트겐슈타인의 성격을 조명하는 데 도움을 줄 뿐만 아니라, 1930~1940년대의 친구들에게 비친 그의 모습을 이해하는 데도 도움이 된다. 또한 철학자로서 비트겐슈타인의 명성을 처음으로 알리게 된 작품의 점진적인 발전 과정을 볼 수 있는 흥미로운 정보도 들어 있다.

비트겐슈타인의 초기 철학적 탐구는 프레게와 러셀이 다루었던 문제들과 같은 영역에 있었다. '명제함수propositional function', '변항variable', '일반성generality' 및 '동일성identity' 같은 개념들이 그의 생각을 지배했다. 그는 곧 소위 '진리함수'라 불리는 새로운 기호 체계에 대한 흥미 있는 발견을 했고, 이것은 논리적 진리가 '동어반복tautology'이라는 설명으로 이어졌다.[7]

《논고》의 가장 오래된 부분은 논리학을 다루는 부분이다. 비트겐슈타인은 이 문제에 대한 주요한 생각들을 1914년 전쟁 발발 이전에, 즉 26세가 되기 전에 구축해놓았다. 나중에 그는 새로운 문제에 몰두하게 되었다. 그것은 의미명제significant proposition의 본성에 대한 문제였다.[8] 언어를 실재의 그림으로 보는 착상이 어떻게 떠올랐는지에 관한 일화가 있다.[9] 1914년 가을, 동부전선에서였다. 비트겐슈타인은 잡지에서 파리의 교통사고 소송에 관한 글을 읽고 있었는데 법정에 작은 모형이 증거로 제시되었다는 내용이 있었다. 여기서 모형은 명제로, 즉 가능한 사태의 묘사로서 기능한다. 모형이 이러한 기능을 하는 것은 모형의 부분들(모형 집들, 모형 자동차 및 사람 모형들)과 실제 사물들(집들, 자동차, 사람들) 사이에 대응 관계가 있기 때문이다. 그때 비트겐슈타인에게 이 비유를 바꾸어서 **명제**의 부분들과 세계 사이의 유사한 대응 관계 덕분에 명제가 모형 또는 **그림**으로 기능한다고 말할 수 있지 않을까 하는 생각이 떠오른 것이다. 명제의 부분들이 결합하는 방식인 명제의 **구조**는 실재 속의 요소들의 가능한 조합, 즉 가능한 사태를 묘사한다.

비트겐슈타인의 《논고》는 진리함수론 및 언어가 실재의 그림이라는 생각의 종합으로 볼 수 있다. 이 종합으로부터 이 책의 세 번째 주요 구성요소인, **말해질** 수는 없고 **보여줄** 수만 있다는 원칙이 도출된다.

전쟁이 일어나자 비트겐슈타인은 탈장으로 병역이 면제되었음에도 불구하고 오스트리아군에 자원입대한다. 그는 처음에는 비스툴라의 초계정에서, 그다음은 크라쿠프의 포병작업소에서 복무했다. 나중에는 동부전선에서 전투에 참여했다. 1916년에 모라비아의 올뮈츠로 이동 명령을 받고 장교 훈련을 받았다. 1918년에는 남부전선으로 배속되었다가 오스트리아-헝가리군이 10월에 와해되자 전쟁 포로로 이탈리아에 수감되었다. 그는 다음 해 8월이 되어서야 오스트리아로 돌아올 수 있었다. 포로로 있던 기간의 대부분을 남부 이탈리아의 몬테카시노의 포로수용소에서 지냈다.

포로로 붙잡혔을 때 비트겐슈타인의 배낭에는 《논리학-철학 수고*Logisch-philosophische Abhandlung*》 원고가 있었다. 무어가 제안한 라틴어 제목 《논리철학논고*Tractatus Logico-Philosophicus*》로 알려지게 된 그 원고다. 그는 1918년 8월 휴가 기간 중에 집필을 마쳤다. 포로수용소에 있는 동안 그는 러셀과 편지로 연락했고 케임브리지 시절의 친구였던 케인스의 도움으로 러셀에게 초고를 보낼 수 있었다. 또한 프레게에게도 한 부를 보내고 서신을 교환했다.

공책에 자기 생각을 적는 것은 비트겐슈타인의 습관이었다. 표제어는 보통 날짜였으므로 이 기록은 일종의 일기 같은 것이었다. 초기의 공책 내용은 종종 나중의 공책에서 반복해서 다듬어졌다. 때로 그는 동료와 학생 들에게 구술했다. 1914년 봄 그는 무어를 노르웨이에 초청하여 논리학에 대한 자신의 생각을 받아 적게 했다. 1920년대 후반에서 1930년대 초에는 슐리크Moritz Schlick와 바이스만Friedrich Waismann에게 구술하였다. 소위 《청색 책Blue Book》은 1933~1934년 학기 중 케임브리지에서 한 강의와 연계해서 구술한 내용이다. 《갈색 책Brown Book》은 1934~1935년에 몇몇 학생들에게 사적으로 구술한 것이다.[10]

《논고》를 완성하기 위해 쓴 여러 공책들이 보존되어 있다.[11] 이 초기 버전의 스케치 및 단편 들은 매우 흥미롭다. 한편으로는 그의 사유의 발전 과정을 보여주기 때문이고, 다른 한편으로는 극도로 압축된 최종 버전의 난해한 구절들을 이해하는 데 도움을 주기 때문이다. 나는 특히 1916년의 노트에 깊은 인상을 받았다. 자아, 자유의지, 삶의 의미, 그리고 죽음을 주로 다룬 노트였다. 《논고》에 담긴 이 주제에 대한 다소 아포리즘적인 논평들은 상당량의 자료 가운데 선별된 것이다. 노트는 비트겐슈타인이 쇼펜하우어로부터 얼마나 강한 인상을 받았는지를 보여준다. 때로 스피노자Baruch Spinoza적인 풍취도 느껴진다.

초기 공책에서 내용의 상당 부분은 암호로 쓰였다. 비트겐슈타인은 이 암호를 평생 동안 썼다. 암호로 된 것들은 대부분 사적인 내용의 노트들이었다.

전쟁 기간은 비트겐슈타인의 생애에서 위기의 시기였다. 시대의 격변과 전쟁 체험, 그리고 포로 생활이 이 위기에 어느 정도로 영향을 끼쳤는지는 알 수 없다. 매우 중요한 정황은 그가 톨스토이 Leo Tolstoy의 윤리적, 종교적 작품들을 접하게 되었다는 것이다. 톨스토이는 비트겐슈타인의 인생관에 큰 영향을 끼쳤으며 복음서를 연구하도록 이끌었다.

1912년 부친의 사망 이후 비트겐슈타인은 거대한 부를 물려받았다. 전쟁에서 돌아온 후 그가 가장 먼저 한 일은 자신의 모든 돈을 포기하는 것이었다.[12] 그 이후 아주 소박한 삶, 때로는 극도의 검소함이 그의 삶의 특징이 되었다. 관습에 얽매이지 않는 복장을 하였기 때문에 타이를 매거나 모자를 쓴 그의 모습은 상상하기 어려웠다. 침대와 탁자 그리고 의자 몇 개가 그가 가진 가구의 전부였다. 어떠한 종류의 장식물도 주변에 두지 않았다.

1차 대전 후 비트겐슈타인은 교사가 되었다. 1919~1920년 사이에 초등학교 교사를 양성하는 빈의 사범대학교Lehrerbildungsanstalt에서 교육을 받았다. 1920년에서 1926년까지 하(下) 오스트리아의 슈네베르크 및 제메링 지역의 오지 마을에서 교사 생활을 했다. 이것은 그가 바란 단순하고 은둔하는 생활에 부합하는 것이었지만 교사직은 그에게 잘 맞지 않았다. 그는 주위 사람들과 끊임없이 마찰을 일으켰다. 마침내 심각한 위기가 찾아왔다. 비트겐슈타인은 교사직을 사임하고 영구적으로 교직을 떠났다. 그는 빈 인근의 휘텔도르프Hütteldorf 수도원에서 정원사 보조로 일했다.

이 기간에 비트겐슈타인은 수도사가 되는 것을 고려하기도 했다. 이러한 생각은 그의 일생 동안 여러 차례 떠올랐다. 그가 수도사가 되지 않은 것은 적어도 부분적으로는 수도사 생활의 내부 조건이 만족스럽지 않았기 때문이었다.

수도원에서의 일은 곧 끝났다. 1926년 가을 비트겐슈타인은 앞으로 2년간 자신의 시간과 천재성을 쏟아부을 임무를 맡았다. 누이를 위해 빈에 저택을 건축하는 일이었다. 처음에는 건축가 친구인 파울 엥겔만Paul Engelmann과 함께 작업했지만 곧 전부를 떠맡았다. 건축물은 가장 세부적인 사항에 이르기까지 전적으로 그의 작품이었고 건축가의 특징을 선명히 보여주었다. 건물에는 아무 장식도 없었고 치수와 비율에서 극도의 정밀함을 추구했다. 그것의 아름다움은 《논고》의 문장과 똑같은 단순함과 정적인 성격을 보여준다. 나는 그 건축물이 어떤 하나의 스타일로 분류될 수 없다고 본다. 하지만 수평 지붕과 재료(콘크리트, 유리, 강철)는 전형적인 '모더니즘' 건축물을 상기시킨다.[13] (1914년 비트겐슈타인은 아돌프 로스Adolf Loos를 알게 되었고, 그의 작품을 높이 평가했다.)

같은 기간 동안 비트겐슈타인은 조각가 친구인 드로빌Michael Drobil의 스튜디오에서 조각품을 만들었다. 젊은 여인의 두상인 이 작품은 고전시대 그리스 조각의 세련되고 평온한 아름다움을 보여준다. 이것이 비트겐슈타인의 이상이었던 것으로 보인다. 대체로 비트겐슈타인의 삶과 성격에서 보이는 불안, 끊임없는 모색 및 변화와 그의 세련된 작품에서 보이는 완전함 및 우아함은 뚜렷하게 대조된다.

《논고》의 저자는 자신이 철학의 모든 문제를 해결했다고 생각했다. 그가 철학을 떠나야 했던 것은 이러한 관점에 따른 일관된 선택이었다.
 책의 출판은 대체로 러셀 덕분에 가능했다. 1919년 러셀과 비트겐슈타인은 초고를 협의하기 위해 네덜란드에서 만났다. 출판사를 찾는 문제는 난항을 겪었다. 비트겐슈타인이 러셀의 서문을 강하게 반대했기 때문에 사태는 더욱 복잡하게 꼬였다. 1920년 7월 비트겐슈타인은 러셀에게 편지를 써서 자신은 이 책의 출판과 관련해 손을 떼겠으니 나머지는 러셀이 알아서 처리해달라고 부탁했다. 독일어본은 1921년 오스트발트Wilhelm Ostwald의 《자연철학연보Annalen der Naturphilosophie》의 최신호에 출간되었다. 다음 해에는 독영 대역본이 런던에서 출판되었다.
 교사와 건축가로 지내던 시절 비트겐슈타인이 철학계와 완전히 연락을 끊고 지낸 것은 아니었다. 1923년 케임브리지의 청년인 프랭크 램지Frank Ramsey가 푸흐베르크Puchberg에서 교사 생활을 하던 비트겐슈타인을 방문했다. 램지는 《논고》의 번역을 도왔고, 20세의 나이에 《마인드Mind》에 책의 핵심을 꿰뚫은 서평을 썼다. 램지는 다음 해에도 방문하여 비트겐슈타인이 영국을 방문하도록 설득했다. 케인스가 그를 도와 비트겐슈타인의 여행 비용을 조달하기도 했다. 1925년 비트겐슈타인은 마침내 영국의 친구들을 방문하게 된다.
 램지 이후 빈 대학교의 교수인 모리츠 슐리크가 비트겐슈타인과 관계를 텄다. 비트겐슈타인의 책은 이 겸손하고 지적인 교수에게 깊은 인상을 남겼는데, 그는 나중에 빈학파의 창립자 및 수장으로 유명해졌다. 빈학파가 시작한 철학 사조에 대한 비트겐슈타인의 영향은 따라서 부분적으로는 수년간 지속된 비트겐슈타인과 슐리크의 인간적 관계 때문이었다. 비트겐슈타인에게 개인적으로 크게 영향받은 빈학파의 다른 멤버는 프리드리히 바이스만이다.

비트겐슈타인은 철학으로 복귀하는 이유가 자신이 다시 창조적인 작업을 할 수 있다고 느꼈기 때문이라고 말했다. 이 중요한 결정을 불러온 외부 요인으로는 1928년 3월 빈에서 그가 수학의 기초에 관한 브라우어Luitzen Brouwer의 강의를 들었다는 사실을 꼽을 수 있다. 그 강의가 비트겐슈타인이 철학을 다시 시작하도록 자극했다는 설이 있다.[14] 1929년 초 비트겐슈타인은 케임브리지에 도착했다. 처음에는 연구 학생으로 등록했는데, 이것은 자신의 분야를 대표하는 일인자로 간주되는 인물에게는 약간 이례적인 신분이었다. 이는 그가 박사학위를 취득해야겠다고 생각했기 때문이었다. 하지만 1차 대전 이전에 케임브리지에서 수강한 것을 학점으로 인정받고, 8년 전 출판된 책을 학위 논문으로 제시할 수 있음이 밝혀졌다. 그는 1929년 6월에 박사학위를 받았고, 다음 해에 트리니티 칼리지의 펠로Fellow가 되었다.

케임브리지로 돌아오자마자 비트겐슈타인은 철학적 사유를 기록하기 시작했다. 1929~1932년 사이 그의 결과물은 그때 이후 항상 그랬듯이 엄청난 것이었다. 공책의 초고에서 내용을 추려 타이프라이터로 친 두 권의 두툼한 원고를 만들었다. 하나는 《철학적 단평Philosophische Bemerkungen》이라 불렸고, 다른 하나는 그가 《철학적 숙고Philosophische Betrachtungen》 또는 《철학적 문법Philosophische Grammatik》이라는 이름을 생각한 원고였다. 이 두 원고는 사실상 완성된 저작이다.[15] 그러나 비트겐슈타인은 이 원고들을 출판하지 않았다.

비트겐슈타인이《논고》이후 스스로 출판한 유일한 철학 저작은 〈논리적 형식에 대한 몇몇 단평 Some Remarks on Logical Form〉이다.[16] 이 논문은 1929년 영국 철학자들의 연례 모임인 아리스토텔레스학회와 정신학회의 합동회의에서 그가 읽기로 되어 있던 것이었다. 이 모임을 위해 준비된 논문은 인쇄되어 참가자들에게 미리 배포되었고 나중에 아리스토텔레스학회의 회의록 부록에 수록되었다. 그러나 비트겐슈타인은 자신의 논문을 읽지 않고 전혀 다른 주제인 수학의 무한성 개념을 발표해서 청중을 놀라게 했다. 그 자신은 이 논문이 가치가 없다고 생각했던 것이다.

《청색 책》에 앞선 이 시기 비트겐슈타인의 저작들은 상당히 흥미롭다. 단지 철학사가들에게만 그런 게 아니다. 그 저작들의 내재적 가치는《논고》나《철학적 탐구 Philosophical Investigations》에 못지않다고 생각한다. 이 저작들이 비트겐슈타인의 발전 단계에서 전환기를 대표한다는 점을 고려하면 자연스러운 일이다.

《논고》의 '초기' 비트겐슈타인과《탐구》의 '후기' 비트겐슈타인 사이의 연속성이 어느 정도인지의 문제는 향후의 논쟁거리로 남겨질 것이다. 1929년에서 1932년 사이의 저작은《논고》를 벗어나서《탐구》를 향해 가는 발전과 분투의 과정을 보여준다. 1933~1934년의《청색 책》은 전자의 인상을 더 많이 담고 있으며 근본적으로 새로운 철학이라고 하기엔 아직은 약간 거친 모습이다. 나는《청색 책》이 비트겐슈타인의 사유의 발전을 드러낸다고 보기는 어렵다고 생각한다.《갈색 책》은 약간 다르다. 그것은《탐구》가 시작되는 준비 단계로 볼 수 있다. 1936년 8월 비트겐슈타인은 1년 전 영어로 구술되었던《갈색 책》을 독일어로 개정하기 시작했다. 그는 이 개정판을 《철학적 탐구Philosophische Untersuchungen》라고 불렀다. 그는 곧 이 작업을 불만족스럽다고 보고 포기하였고 그해 가을 새로운 작업을 시작했다. 이때 그가 쓴 것은 실질적으로 《탐구》 인쇄본의 첫 188절과 동일하다.

청년 비트겐슈타인은 프레게와 러셀에게 배웠다. 그의 문제는 부분적으로 그들의 문제였다. 내가 볼 때 후기 비트겐슈타인은 사상사에 선행자가 없었다. 그의 연구는 기존에 있던 철학의 길에서 급진적인 이탈을 알리는 신호였다.[17] 그러나 그의 문제들 대부분은 《논고》로부터 자라난 것이다. 내 생각에 비트겐슈타인이 그의 새로운 철학을 구현한 저작물을 청년 시절의 작품과 함께 인쇄하기를 바랐던 것은 이런 이유 때문이다.[18]

때로 후기 비트겐슈타인이 무어와 유사하다고 말하지만 이것은 전혀 사실이 아니다. 무어와 비트겐슈타인의 사고방식은 사실상 전적으로 다르다. 비록 그들의 우정은 비트겐슈타인이 죽을 때까지 지속되었지만, 나는 무어의 철학이 비트겐슈타인에게 영향을 끼친 흔적이 있다고는 믿지 않는다. 비트겐슈타인이 높게 평가한 것은 무어의 지적인 생동감과 진리에 대한 사랑이었고 허영심으로부터 자유로웠다는 점도 그 이유 중 하나였다.

비트겐슈타인의 새로운 사상의 탄생에는 두 친구의 초기 사상에 대한 비판이 매우 중요했다. 하나는 램지였는데, 1930년 그의 때 이른 죽음은 현대 사상사의 커다란 손실이었다. 다른 사람은 이탈리아의 경제학자 피에로 스라파Piero Sraffa였다. 그는 비트겐슈타인보다 약간 앞서 케임브리지에 왔다. 비트겐슈타인이 초기 관점을 버리고 새로운 출발을 하도록 압박한 것은 무엇보다 스라파의 날카롭고 강력한 비판이었다. 그는 스라파와 토론을 하면 모든 가지가 잘려 나간 나무가 된 듯한 느낌을 받는다고 말했다. 이 나무가 다시 푸르게 될 수 있었던 것은 나무 자신의 생명력 덕분이었다. 후기 비트겐슈타인은 초기 비트겐슈타인이 프레게와 러셀로부터 얻었던 것과 같은 영감을 외부로부터 얻지 못했다.

1929년부터 죽을 때까지 비트겐슈타인은 몇 차례 외유한 것을 제외하고는 영국에서 살았다. 독일이 오스트리아를 병합하자 그는 오스트리아 국적을 포기하고 독일과 영국 국적 중 하나를 선택해야 했고, 결국 영국의 국민이 되었다. 그러나 일반적으로 그는 영국식 생활양식을 좋아하지 않았고 케임브리지의 대학 분위기를 혐오했다. 1935년 트리니티 칼리지의 펠로 자격이 만료되었을 때[19] 그는 소련에 정착할 계획을 추진했다. 그는 9월에 모스크바와 레닌그라드를 방문하였고 이 방문을 마음에 들어 했다. 하지만 다시 돌아가지는 않았다. 그가 내게 말한 바로는 1930년대 중반 소련의 정치 상황이 거칠어진 것이 그의 계획에 영향을 미쳤다.[20] 그래서 비트겐슈타인은 1935~1936년 학기 말까지 케임브리지에 남았다. 1936년 여름 그는 프랑스에서 휴가를 보낸 후 노르웨이의 오두막에서 은거하였다. 거기에서 1936년의 크리스마스 기간을 제외하고는 다음 해 말까지 머물렀다. 비트겐슈타인은 1938년 케임브리지로 돌아왔고 1년 후 무어의 후임으로 철학 교수로 임명되었다.

1930년 초 비트겐슈타인은 케임브리지에서 강의했다. 예상할 수 있듯 그의 강의는 전혀 '아카데믹하지 않았다.'[21] 그는 거의 항상 자신의 방이나 대학 친구의 방에서 강의했다. 강의록이나 노트는 없었다. 그는 수업 중에 수강생들 앞에서 **사유**를 했다. 이때 그는 극도로 집중하고 있는 인상을 주었다. 설명은 보통 질문으로 이어졌고, 청중은 질문에 답변을 제안하는 방식이었다. 답변은 다시 새로운 질문으로 이어지는 새로운 사유의 출발점이 되었다. 토론이 성과가 나오는지, 그리고 연결하는 실마리가 강의의 시작에서 끝까지, 한 강의에서 다른 강의로 눈에 보이게 유지되는지는 상당 정도 청중에게 달려 있었다. 청중의 상당수는 다양한 분야에서 고도로 자격을 갖춘 사람들이었다. 무어는 1930년대 초 수년간 비트겐슈타인의 강의에 참석했다.[22] 나중에 영국, 미국, 오스트레일리아에서 지도적인 철학자가 된 여러 인물들이 비트겐슈타인의 케임브리지 강의를 들었다. 그의 강의를 어느 정도 말한 그대로 받아 적은 노트들이 몇몇 남아 있다.

비트겐슈타인이 철학 교수직을 맡기 전에 2차 대전이 발발했다. 나는 비트겐슈타인이 전쟁을 원했다고 말할 수도 있다고 본다. 하지만 1914년에 그러했듯, 그는 상아탑 안에서 전쟁을 관망하기를 바라지 않았다. 그는 일정 기간 동안 런던 가이병원Guy's Hospital에서 잡역부로 근무했고 나중에는 뉴캐슬의 의료 실험실에서 일했다. 비트겐슈타인이 의사라는 직업에 커다란 관심을 가지고 있었고 1930년대에 한때 철학을 떠나 의료계로 이직할 것을 심각하게 고려했다는 점을 언급해야겠다. 뉴캐슬에 있는 동안 그는 매우 유용한 것으로 판명된 기술적 혁신품을 고안하기도 했다.

들끓는 천재성을 지닌 비트겐슈타인이 학계의 일상 속에서 행복하지 못했다는 점은 놀랄 일이 아니다. 만일 전쟁이 일어나지 않았다면 그의 교수직 임기가 더 빨리 끝났을 듯도 싶다. 1947년 이스터 학기에 그는 케임브리지에서의 마지막 강의를 했다. 가을에 휴가를 떠났고 그해 말부터 교수직을 그만두었다. 그는 자신의 남은 역량을 연구에 쏟아붓기를 원했다. 그의 삶에서 예전에 종종 그랬듯이 그는 은둔 생활을 원했다. 1948년 겨울 동안 그는 아일랜드의 시골 농장에서 머물렀고 그 이후 아일랜드 서해안 골웨이의 바닷가 오두막에서 혼자 살았다. 이웃은 소박한 어부들이었다. 비트겐슈타인은 많은 새들을 길들여서 새들이 먹이를 얻으려고 매일 찾아왔기 때문에 이웃들 사이에 전설적인 인물이 되었다고 한다. 하지만 골웨이에서의 생활은 그에게 육체적으로 너무 힘들어서 1948년 가을에 더블린의 호텔로 이사했다. 그때부터 다음 해 초봄까지 탁월한 연구 성과를 냈다. 그가 《탐구》의 2부를 완성한 것이 이때였다.

인생의 마지막 2년간 비트겐슈타인은 크게 앓았다. 1949년 가을 그는 암에 걸렸다는 것을 알게 되었다. 비트겐슈타인은 그때 미국 체류에서 돌아와 케임브리지를 방문 중이었다. 그는 아일랜드로 돌아가지 않고 옥스퍼드와 케임브리지에서 친구들 집에 머물렀다. 1950년 가을 그는 친구 한 명과 함께 노르웨이를 여행했고 다음 해 초에는 아예 거기서 다시 정착할 계획을 짜기도 했다. 와병 기간 중에는 연구를 할 수 없던 시기가 있었다. 하지만 최후의 두 달 동안 그는 앓아눕지 않았고 분명히 최상의 정신을 유지하고 있었다. 죽기 이틀 전까지 그는 최고 수준에 필적하는 사유를 기록으로 남길 수 있었다.

비트겐슈타인의 매우 비상하고 강력한 개성은 타인에게 큰 영향을 행사했다. 그와 친분을 맺게 된 사람들 가운데 강한 인상을 받지 않은 사람은 없었다. 어떤 이들은 얼씬도 못 하게 쫓겨났고,

대부분은 매혹을 느끼고 이끌렸다. 비트겐슈타인은 친교 맺기를 피했지만, 우정을 필요로 하고 추구했다고 말할 수 있을 것이다. 그는 비할 데 없는 친구였지만 지나치게 요구하는 면이 있었다. 그를 사랑하고 그와 우정을 맺었던 사람들 대부분은 또한 그를 두려워하기도 했다고 나는 믿는다.

비트겐슈타인의 삶과 성격에 관한 많은 근거 없는 전설이 있었던 것처럼, 여러 불건전한 파벌주의가 제자들 사이에 생겨났다. 이것은 비트겐슈타인에게 매우 고통스러운 일이었다. 그는 선생으로서의 자신의 영향력이 전반적으로 학생들의 독립적인 정신 계발에 해가 된다고 생각했다. 나는 그가 옳지 않았나 염려된다. 또한 나는 그럴 수밖에 없던 이유를 부분적으로 알고 있다고 생각한다. 그의 사상의 깊이와 독창성 때문에 비트겐슈타인의 생각을 이해하기는 매우 어렵고, 그것을 자신의 사유로 통합하여 받아들이는 것은 더욱 어렵기 때문이다. 동시에 그의 성격과 스타일의 마법은 사람들을 끌어들이고 설득하는 힘이 아주 강했다. 비트겐슈타인에게 배우면서 그의 용어와 표현 방식을 받아들이지 않는 것, 심지어 그의 목소리 톤이나 태도, 제스처 등을 모방하지 않는 것은 거의 불가능했다. 이는 사유가 악화되어 특수 집단의 전문용어로 전락하게 된다는 점에서 위험하다. 위대한 인물의 가르침은 종종 그 단순함과 자연스러움 때문에 어려운 것들을 이해하기 쉬워 보이게 만든다. 그래서 그들의 제자들은 보통 하찮은 모방자가 되고 만다. 그러한 인물의 역사적 중요성은 제자들에게서 드러나는 것이 아니라, 더 간접적이고 미묘하며 종종 예상할 수 없는 종류의 영향을 통해 드러난다.

비트겐슈타인의 가장 특징적인 성격은 위대하고 순수한 진지함과 강한 지적 능력이다. 나는 이 두 측면에서 그처럼 강한 인상을 준 사람을 만난 적이 없다.

내기 보기에 진지한 성격에는 두 형태가 있다. 하나는 '단호한 원칙들'을 고수하는 것이고, 다른 하나는 열정적인 마음에서 비롯되는 것이다. 전자는 도덕성과 관계가 있고, 후자는 종교에 가까운 것이라고 생각된다. 비트겐슈타인은 고통스러울 정도로 의무감에 예민했다. 하지만 정직하고 엄격한 성격은 두 번째 종류에 가까웠다. 비트겐슈타인이 그저 평범한 의미에서 '종교를 가졌다'고 말할 수 있는지는 모르겠다. 확실히 그는 기독교 신앙을 가진 것은 아니었다. 하지만 그의 인생관이 괴테J.W. von Goethe처럼 비기독교적이거나 이교도적인 것도 아니었다. 비트겐슈타인이 범신론자가 아니었다고 말하는 것은 뭔가 중요한 것을 말하는 셈이다.[23] 그는 "신은 세계 **속에** 자신을 드러내지 않는다"라고 《논고》에 썼다. 신에 대한 생각은, 무엇보다 그에게는 두려운 심판에 대한 생각이었다고 그는 말한 바 있다.

비트겐슈타인은 자신이 불운한 운명을 타고났다는 확신을 가지고 있다고 말하곤 했다. 그는 우울한 전망을 가진 사람의 전형이었다. 현대는 그에게 암흑의 시대였다.[24] 인간의 무기력함에 대한 그의 생각은 운명예정설의 교리와 다를 바 없었다.

비트겐슈타인은 엄격히 말해서 학식이 뛰어난 사람은 아니었다. 그의 기질은 전형적인 학자의 성향과 매우 달랐다. '냉정한 객관성'과 '초연한 관조'는 그에게 전혀 어울리지 않는 이름표다. 그는 자신의 영혼 전체를 자신이 행하는 모든 것에 쏟아부었다. 그의 삶은 끊임없는 여행이었고, 의심이야말로 그를 움직이는 동력이었다. 자신의 옛 시절을 돌아보는 일이 거의 없었고, 있다면 보통 그것을 거부하기 위한 것이었다.

비트겐슈타인에게 지식은 실천과 긴밀하게 연결된 것이었다. 그의 첫 공부가 기술과학이었다는 것은 중요하다. 그는 수학과 물리학 지식을 광범위한 독서에서 얻은 것이 아니라 수학 및 실험 기술과의 작업 친밀성으로부터 얻었다. 그의 예술적 관심 역시 활동적이고 생기 있는 특색을 띤다. 그는 집을 설계할 수 있었고, 조각을 만들 수도 있었으며, 오케스트라를 지휘할 수도 있었다. 아마도 그는 이런 분야에서 장인의 수준에 도달하지는 못했을 것이다. 하지만 그는 '어설픈 애호가'는 아니었다. 다방면에 걸친 그의 모든 정신적 표현은 하나같이 정직한 창조의 충동으로부터 나왔다.

비트겐슈타인은 철학 고전을 체계적으로 읽은 적이 없었다. 그는 자신이 전심전력으로 동화할 수 있는 것들만 읽을 수 있었다. 우리는 그가 청년 시절 쇼펜하우어를 읽었음을 살펴본 바 있다. 그는 스피노자, 흄David Hume, 칸트Immanuel Kant에 대해서는 단지 어쩌다 흘깃 이해할 수 있을 뿐이라고 말했다. 그가 자신보다 앞선 위대한 논리학자인 아리스토텔레스나 라이프니츠G. W. Leibniz를 좋아했을 거라고는 생각되지 않는다. 그러나 플라톤을 즐겨 읽었다는 것은 중요하다. 플라톤의 문학적, 철학적 방법과 사유의 배후에 있는 기질이 자신과 성향이 맞는다는 것을 인식했음이 틀림없다.

비트겐슈타인은 엄격한 의미의 철학자들보다는 철학, 종교, 시 등의 영역을 가로지르는 작가들로부터 더욱 깊은 인상을 받았다.

그 가운데에는 성 아우구스티누스, 키르케고르Søren Kierkegaard, 도스토옙스키F. Dostoevsky와 톨스토이가 있었다. 성 아우구스티누스의 《고백록Confessions》의 철학적 부분들은 비트겐슈타인 자신의 철학 방식과 놀라울 정도의 유사성을 보여준다. 비트겐슈타인과 파스칼Blaise Pascal 사이에는 세심히 연구할 가치가 있는 뚜렷한 유사성이 있다. 비트겐슈타인이 오토 바이닝거Otto Weininger의 저작을 높이 평가했다는 것도 언급되어야 할 것이다.

비트겐슈타인의 저작에서 점점 더 주목을 받는 측면은 그 언어이다. 그가 언젠가 독일 산문에서 고전적 작가의 반열에 오르지 않는다면 그것은 놀라운 일일 것이다. 《논고》의 문학적 장점은 간과할 수 없다. 《탐구》의 언어도 마찬가지로 주목할 만하다. 문체는 단순 명료하고, 문장 구성은 견고하고 자유로우며, 리듬은 부드럽게 흐른다. 때로 그 형식은 문답으로 이루어진 대화체이고, 때로 그것은 《논고》에서 그러하듯 아포리즘으로 응축된다. 놀라울 정도로 문학적 장식과 전문 용어를 배제하고 있다. 계산된 절제와 풍부한 상상력의 결합, 자연스럽게 지속되는 동시에 놀랍게 전환되는 인상은 빈이 낳은 다른 천재의 위대한 작품들을 떠오르게 만든다(슈베르트Franz Schubert는 비트겐슈타인이 가장 좋아하는 작곡가였다).

철학적 산문의 대가인 쇼펜하우어가 비트겐슈타인의 문체에 영향을 미치지 않았다는 점이 이상하게 보일지 모른다. 그러나 종종 놀라울 정도로 비트겐슈타인을 상기시키는 저자는 리히텐베르크 G.C. Lichtenberg(1742~1799, 독일의 물리학자이자 풍자 작가—옮긴이)이다. 비트겐슈타인은 그를 매우 존경했다. 비트겐슈타인이 어느 정도로 그에게서 배웠다고 말할 수 있는지는 모르겠다. 리히텐베르크의 철학적 질문에 대한 생각이 비트겐슈타인과 놀랄 만한 유사성을 보여준다는 것은 언급할 가치가 있다.[25]

비트겐슈타인의 작품과 성격이 다양한 평가와 상이한 해석을 불러올 것이라는 점은 매우 확실하다. "수수께끼는 존재하지 않는다"라는 문장과 "말할 수 있는 모든 것은 명료하게 말할 수 있다"라는 문장을 쓴 저자 자신이 수수께끼였고, 그의 문장은 종종 언어의 표면 아래 깊숙이 놓여 있는 내용을 담고 있다. 비트겐슈타인에게서는 많은 대립된 것들을 볼 수 있다. 그는 논리학자이자 신비주의자였다고 말해진다. 두 용어 **모두** 부적절하지만, 각각은 진실된 어떤 것을 암시한다. 비트겐슈타인의 작품에 접근하는 사람은 때로 그것의 정수를 합리적이고 사실적인 문제 차원에서 찾을 것이고, 때로는 경험론을 넘어선 형이상학적 차원에서 찾을 것이다. 비트겐슈타인에 관한 현존하는 문헌에 두 개념의 사례들이 있다. 그러한 '해석들'은 별로 중요하지 않다. 비트겐슈타인을 그의 풍부한 복잡성 속에서 이해하려는 사람들에게는 그러한 해석이 오류임이 명백히 보일 것이다. 그러한 해석은 그의 영향이 얼마나 많은 방향으로 뻗어 가는지를 보여준다는 점에서만 흥미로울 뿐이다. 나는 어떤 사람의 저작을 **고전**으로 만드는 것은, 명료한 이해를 향한 우리의 갈망을 불러일으키는 동시에 그것에 저항하기도 하는 바로 이런 다양성 때문이 아닌가 하고 종종 생각한다.

2부 비트겐슈타인의 회상록 – 노먼 맬컴

비트겐슈타인과의 만남
1938.10.~1940.2.

내가 비트겐슈타인을 처음 본 것은 케임브리지에서의 첫학기였던 1938년 미가엘 학기(영국 대학의 가을 학기―옮긴이)에서였다. 도덕과학클럽Moral Science Club 모임에서 그날 밤의 논문이 발표되고 토론이 시작되었을 때, 어떤 사람이 더듬거리며 말하기 시작했다. 그는 자신의 생각을 표현하는 게 매우 어려워 보였고, 나는 그가 무슨 말을 하는지 알아들을 수 없었다. 옆자리 동료에게 "저 사람이 누구죠?"라고 물으니 "비트겐슈타인이죠"라고 답했다. 나는 꽤 놀랐다. 그 유명한 《논리철학논고》를 쓴 사람은 나이가 지긋한 사람일 거라고 생각했는데, 이 남자는 서른다섯 살 정도로 젊어 보였기 때문이다(실제로는 49세였다). 그의 얼굴은 여윈 갈색이었고, 옆모습은 독수리형의 빼어난 미남이었다. 머리는 숱이 많은 갈색 곱슬머리로 덮여 있었다. 방 안의 모든 사람들이 그에게 존경의 눈길을 보내고 있는 게 느껴졌다. 원활하지 못한 모두 발언 이후에 그는 잠시 말하지 않았다. 하지만 분명히 뭔가를 생각하느라 분투하고 있었다. 그는 골똘히 생각하는 모습으로, 마치 대화를 하고 있는 것처럼 눈에 띄는 손짓을 했다. 다른 모든 사람들은 침묵 속에서 집중하면서 기대하는 자세로 있었다. 나는 그 이후 이런 현상을 수없이 목격했고, 나중에는 그것을 아주 자연스럽게 여기게 되었다.

나는 1939년 렌트 학기(영국 대학의 봄 학기―옮긴이)에 수학의 철학적 기초에 관한 비트겐슈타인의 강의를 들었다. 그는 이 주제로 1939년 이스터(영국 대학의 여름 학기—옮긴이) 및 미가엘 학기까지 강의했다. 나는 10년 후에 다시 강의 노트를 공부할 때까지 강의 내용을 거의 아무것도 이해할 수 없었던 것 같다. 그럼에도 불구하고 다른 사람들과 마찬가지로 비트겐슈타인이 뭔가 중요한 일을 하고 있다는 것은 알았다. 우리는 그가 심오하게 어려운 문제들과 분투하면서 자신을 길을 개척하고 있으며 문제들을 공략하는 그의 방법이 전적으로 독창적이라는 걸 알았다.

그는 사전 준비나 강의 노트 없이 강의했다. 언젠가 그는 내게 노트를 가지고 강의를 해보려고 했지만 역겨운 결과만 불러왔다고 말한 적이 있다. 즉 '김빠진' 사유들만 나왔다는 것, 혹은 다른 친구들에게 했던 말에 따르면, 노트를 읽기 시작했을 때 단어들이 '시체처럼' 보였다는 것이다. 그가 사용한 강의 준비 방법은 강의 시작 전 몇 분간 지난번 수업에서의 탐구 과정을 떠올려보는 것이 전부였다 한다. 강의를 시작할 때 그는 이것을 짧게 요약하고는 거기서부터 출발한다. 그러고는 새로운 사유를 통해 연구를 진행하려 시도한다.

이렇게 즉흥적인 방식으로 수업을 진행할 수 있었던 것은 오직 논의되는 모든 문제에 대해 과거에 이미 방대한 사유와 필기를 해왔으며 또한 하고 있기 때문이라고 그는 내게 말했다. 이는 의심의 여지가 없는 사실이었다. 그럼에도 불구하고 이런 강의에서는 대체로 **새로운** 연구 결과가 나왔다.

강의를 할 때나 사적인 대화를 할 때나 비트겐슈타인은 항상 단호하고 명확한 어조로 말했다. 가끔 독일식 구문을 쓰긴 했지만 그는 교양 있는 영국인의 억양을 띤 고급 영어를 구사했다. 그는 울림이 있는 목소리를 가지고 있었고, 보통 남자보다는 약간 높은 음색을 지녔지만 듣기 싫을 정도는 아니었다. 유창한 달변은 아니었지만 말에는 강한 힘이 실려 있었다. 그의 말을 들어본 사람은 그가 비범한 인물이라는 것을 금세 알 수 있었다. 이야기를 할 때면 얼굴 표정이 놀라울 정도로 풍부해졌다. 눈은 깊었고 눈빛은 때로 매우 강렬했다. 그의 성격은 지배적이었고 심지어 도도할 정도였다.

반면, 복장은 매우 간소했다. 항상 밝은 회색 플란넬 바지에, 목 단추를 푼 플란넬 셔츠, 그리고 모직 럼버 재킷(벌목꾼 작업복 스타일의 상의—옮긴이)이나 가죽 재킷을 입었다. 궂은 날 외출할 때에는 트위드로 된 모자를 쓰고 황갈색 레인코트를 입었다. 그는 거의 언제나 가벼운 지팡이를 지니고 다녔다. 양복 정장에 넥타이 혹은 신사 모자를 쓴 비트겐슈타인을 상상하기는 힘들다. 레인코트를 제외한 그의 옷들은 언제나 지극히 말끔했고 구두는 광이 났다. 키는 약 168cm 정도에 마른 편이었다.

그는 1주일에 두 번, 오후 5시에서 7시까지의 두 시간짜리 강의를 맡았다. 그는 정시에 시작하기를 원했기 때문에, 누가 2분이라도 늦게 들어오면 화를 냈다. 교수가 되기 전에는 주로 학교에 있는 그의 친구들 방에서 모임을 가졌는데, 그 이후로는 트리니티 칼리지의 휴얼관 Whewell's Court에 있는 그의 방에서 모였다. 강의를 듣는 사람들은 손수 의자를 가져오거나 바닥에 앉아서 들었다. 때로는 방이 미어터질 정도였다. 1946년 미가엘 학기의 첫 강의 때에는 특히 더 그랬는데, 30여 명의 사람들이 몰려오는 바람에 방은 입추의 여지도 없이 꽉 들어찼다.

휴얼관에 있는 비트겐슈타인의 방은 최소한의 가구만 갖췄다. 안락의자도 없었고 독서용 램프도 없었다. 장식이나 그림, 사진도 없었고, 벽은 텅 빈 채로 두었다. 거실에는 천막으로 된 의자 두 개와 평범한 나무의자 하나가 있었고, 침실에는 간이침대가 하나 있었다. 거실 한가운데에는 구식 철제 난로가 있었다. 창가의 화단에는 몇 송이의 꽃이 자라고 있었고, 방 안에는 한두 개의 꽃병이 있었다. 원고를 보관해두는 철제 금고와 글 쓸 때 사용하는 카드 테이블 하나가 있었다. 방은 항상 세심하게 청소되어 있었다.

수강생들이 가져온 의자는 트리니티 소유의 비품이었고, 강의가 끝난 뒤에는 층계참에 보관했다. 누군가 늦게 오기라도 하면 이는 상당한 혼란을 불러왔다. 왜냐하면 새 자리를 만들려면 이미 놓인 의자들을 다 옮겨야 했기 때문이다.

강의가 시작된 다음에 들어오려면 상당한 용기를 발휘해야 했기 때문에, 일부 사람들은 비트겐슈타인의 눈총을 감수하기보다는 차라리 돌아가는 길을 택하곤 했다.

비트겐슈타인은 방 한가운데 있는 평범한 나무 의자에 앉았다. 여기에서 그는 자신의 사유를 붙들고 청중 앞에서 분투했다. 그는 종종 자신이 혼란에 빠졌다는 걸 느꼈는데, 그럴 땐 그렇다고 말했다. 또한 "난 정말 바보야!", "참 끔찍한 선생이구먼!", "오늘은 왜 이리 멍청하지?"와 같은 말을 자주 중얼거렸다. 때로는 강의를 계속 진행할 수 있을지 의구심을 표하기도 했지만 7시 이전에 그만두는 일은 거의 없었다.

이런 모임을 '강의'라고 부르는 것은 그다지 올바른 표현이 아니다. 비록 비트겐슈타인은 그렇게 불렀지만 말이다. 그 첫 번째 이유는 그가 이 모임에서 한 일이 독창적인 연구였다는 점이다. 그는 혼자 연구하는 경우에 생각했을 방식으로 특정한 문제들에 대해 사유했다. 또 다른 이유는 이 모임이 주로 대담으로 이루어졌다는 점이다. 비트겐슈타인은 보통 그 자리에 참석한 다양한 사람들에게 질문을 던지고 그들의 대답에 대해 다시 응대했다. 흔히 모임은 주로 대화로 진행되었다. 그러나 자기 자신이 어떤 생각을 끄집어내려고 할 때는 단호하게 제지하는 듯한 손짓을 취함으로써 질문이나 발언을 하지 못하게 했다. 때로는 비트겐슈타인의 간헐적인 중얼거림과 청중의 숨죽인 시선 외에는 아무 소리도 들리지 않는 긴 침묵이 이어지기도 했다. 이러한 침묵 가운데 비트겐슈타인은 극도의 팽팽한 긴장 속에서 활발하게 사유했다. 그의 눈은 한 곳을 응시했고, 표정은 살아 있었으며, 두 손은 눈에 띄는 손짓을 했고, 표정은 근엄했다. 그때 우리는 극도의 진지함과 몰입, 그리고 지적인 힘 앞에 있다는 사실을 깨달았다.

  비트겐슈타인의 개성은 이 모임을 지배했다. 그중 단 한 사람이라도 어떤 식으로든 그의 영향을 받지 않은 사람이 과연 있었는지 의심스럽다. 그의 버릇이나 제스처, 억양 및 감탄사 등을 따라 하지 않았던 사람은 거의 없었다. 이런 모방은 원형과 비교되었을 때 금세 그 우스꽝스러움이 드러났다.

  비트겐슈타인은 강의 중에 꽤 무서운 사람이었다. 그는 참을성이 별로 없었고 쉽게 화를 냈다. 자기가 하는 말에 누군가 이의를 제기하고 싶어 하면, 그는 반론을 말하라고 사납게 채근했다. 한번은 비트겐슈타인의 오랜 친구인 요릭 스마이시스Yorick Smythies가 자신의 반대의견을 말로 제대로 표현하지 못하자 비트겐슈타인은

"차라리 이 난로하고 말하는 게 낫겠군!"이라고 아주 심한 말을 했던 적도 있었다. 비트겐슈타인에 대한 두려움 때문에 우리는 극도로 주의를 집중해서 들었다. 이것은 문제들이 극히 난해했고, 그것을 고찰하는 비트겐슈타인의 방법도 이해하기가 무척 어려웠기 때문에 값진 결과를 가져왔다. 그의 사유를 따라가려면 정신적으로 전력을 다해도 모자라다는 것을 나는 항상 의식하고 있었다. 두 시간 동안의 고도의 정신 집중은 내가 버틸 수 있는 한계를 넘어선 것이었다.

비트겐슈타인의 가차 없는 성격은 진리에 대한 열정과 관련된 것으로 생각된다. 그는 끊임없이 가장 심오한 철학 문제들과 씨름하고 있었다. 한 문제에 대한 해결은 또 다른 문제로 이어졌다. 비트겐슈타인은 타협을 모르는 성격이어서, **완벽한** 이해에 도달하지 않고는 못 견뎌 했다. 그는 자신을 심하게 몰아붙였고, 그의 전존재는 극도의 긴장 속에 놓여 있었다. 강의에 참석한 사람들은 그가 자신의 지적 능력뿐만 아니라 의지까지도 최대한으로 발휘하고 있다는 것을 금세 알 수 있었다. 그것은 그의 절대적이고 무자비한 정직성의 일면이었다. 선생으로서 혹은 개인적 관계에서 그를 무섭고 심지어는 끔찍한 사람으로 만든 것은 주로 자신은 물론 타인에게도 예외를 두지 않는 무자비한 완벽에의 충동 때문이었다.

비트겐슈타인은 강의가 끝나면 언제나 탈진 상태에 빠졌다. 강의는 또한 그를 몸서리치게 만들었는데, 자신이 해놓은 말과 스스로에 대해 혐오감을 느꼈기 때문이다. 종종 그는 수업이 끝나자마자 영화관으로 달려가기도 했다. 수강생들이 교실 밖으로 의자를 내놓기 시작하면 그는 애원하는 눈빛으로 한 친구를 바라보면서

낮은 목소리로 "영화 보러 가지 않겠나?" 하고 물었다. 극장으로 가는 도중 비트겐슈타인은 건포도가 든 작은 롤빵이나 식은 돼지고기 파이를 사가지고 가서 영화를 보면서 우적우적 씹어 먹곤 하였다. 그는 꼭 객석의 맨 앞줄에 앉겠다고 고집했는데, 이것은 스크린이 시야 전체를 가득 채우도록 함으로써 강의에 대한 생각이나 혐오감을 마음속에서 깨끗이 지워버리기 위한 것이었다. 언젠가 한번은 내게 "마치 샤워를 하는 기분이야"라고 속삭인 적이 있었다. 영화를 볼 때 그는 긴장을 풀거나 초연한 상태로 있는 게 아니었다. 좌석에서 몸을 앞으로 기울인 채, 스크린에서 눈을 떼지도 않았다. 그는 영화를 보고 그 내용에 대해 왈가왈부하는 일이 전혀 없었다. 같이 간 사람이 그러는 것도 별로 좋아하지 않았다. 그는 자기를 고문하고 기진맥진케 한 철학적인 상념들로부터 잠시나마 정신을 풀어주기 위해, 영화가 아무리 시시하고 인위적인 느낌이 들더라도 영화에 완전히 몰입하고 싶어 했던 것이다. 그는 미국 영화를 좋아했지만, 영국 영화는 질색을 했다. 제대로 된 영국 영화란 존재할 수 없다고 생각하는 경향이 있었다. 이것은 그가 영국의 문화와 심리적 습관 전반에 대해 가지고 있던 지독한 혐오감과 연관된 것이었다. 그가 좋아했던 배우는 카르멘 미란다와 베티 허튼이었다. 미국에 있는 나를 방문하기 전에 그는 농담으로 자기에게 허튼 양을 소개해달라는 요구를 하기도 했다.

어떤 사람들은 비트겐슈타인의 강의가 그의 친구나 그가 마음에 들어 하는 학생들만을 위한 것이라고 생각했다. 사실 그는 누구나 강의에 받아들이려 했었다. 하지만 강의를 들으려면 상당한 기간 동안 연속해서 출석해야 한다는 요구 조건을 붙였다. 그는 그저 한두 번 청강하러 오는 건 허용하지 않았다. 한번은 그런 요청에 대해 "내 강의는 관광객들을 위한 게 아니오"라고 대답한 적도 있었다. 그가 한 학기 동안만의 청강을 허락한 경우는 내가 알기로는 두 건이 있었지만 그러는 걸 꺼렸다. 이것은 합리적인 처사였다. 덕분에 강의가 수많은 호사가들로부터 침해받는 것을 방지할 수 있었다. 또한 사실 그가 하고 있는 연구를 **조금이라도** 알아듣기 위해선 상당히 오랜 기간(내가 보기에는 적어도 세 학기) 강의에 참석해야만 했다.

누가 자기의 강의에 참석할 것인지는 그에게 중요한 문제였다. 그는 '친구들과 함께' 철학의 문제들을 토론하는 것을 좋아했다. 강의실에 몇몇 '친근한 얼굴들'이 있어야 한다는 것이 그에게는 중요했다. 그는 종종 어떤 특정한 '얼굴'을 좋아한다고 말했고, 설령 그 사람이 한마디 말도 하지 않을지라도 그 자리를 지켜주길 원했다. 2차 대전 기간 중에 토요일 강의를 할 때 미국 흑인 병사가 하나가 수강생으로 참석한 적이 있었다. 비트겐슈타인은 그의 얼굴이 어쩌면 그렇게 친근감 있고 마음씨 좋게 생겼는지, 그리고 그가 강의에 참석하지 않게 되었을 때 얼마나 서운했는지를 여러 차례 얘기했다. 가을에 그의 첫 강의에 오는 사람 중 보통 반 이상은 대여섯 번 출석한 뒤에는 더 이상 나타나지 않는다. 강의 내용을 이해할 수 없었거나 그 주제에 흥미를 느끼지 못했기 때문이다. 하지만 반대로 계속 남아 있는 10~15명의 사람들은 엄청난 열의를 갖고 출석했다.

내가 수없이 목격한 바 있는 기묘한 일은 비트겐슈타인이 강의 중에 핵심을 보여주기 위한 사례를 고안했을 때 스스로 자기 상상의 터무니없음에 대해 씩 웃곤 했다는 점이다. 하지만 수강생 중 누군가가 함께 낄낄거리고 웃으면, 그는 엄격한 표정으로 바뀌면서 "아니야, 아니야, 이건 심각한 얘기라고!" 하면서 비난조로 소리치기도 했다. 그 사고실험과 정황은 너무나 기묘하고 실제로 일어날 가능성이 희박한 것이어서, 그 자신도 웃음을 참기 힘들 정도였다. 그러나 그 사례를 든 의도는 물론 진지한 것이었다. 비트겐슈타인은 수업 시간에 익살스러운 분위기를 견디지 못했다. 진지한 목적이 없는 똑똑한 사람들 사이의 철학 토론의 특징이기도 한 그 익살스러움을 혐오했기 때문이다.

언젠가 비트겐슈타인이 진지하고 훌륭한 철학 작품이 전적으로 **농담**으로만(익살스럽지는 않은) 쓰여질 수 있다고 말한 것은 주목할 만하다. 또 언젠가는 철학 논문이 (답은 없이) 질문들로만 되어 있을 수도 있다고 말한 적이 있다. 그는 자기 작품에서 이 두 가지 모두를 폭넓게 활용했다. 예를 하나 들자면 '왜 개는 아픈 체할 수 없는가? 너무 정직해서인가?'(《철학적 탐구》, §250)

비트겐슈타인은 수강생들에게 개별적으로 차를 대접하는 방식으로 그들과 안면을 텄다. 나는 1939년에 그런 초대를 받았다. 사소한 이야기는 전혀 없었다. 대화는 심각했고 중간중간 오랜 침묵이 이어졌다. 내가 기억하는 유일한 화제는 나의 장래와 관련된 것이었다. 비트겐슈타인은 철학 교수가 되려는 나의 계획을 포기하도록 설득하고 싶어 했다. 대신 목장이나 농장 같은 곳에서 노동일을 해볼 수도 있지 않느냐고 물었다. 그는 학자적인 삶 전반을 지독히 혐오했는데, 특히 직업 철학자로서의 삶을 혐오했다. 정상적인 사람이라면 대학교수이면서 동시에 정직하고 진지한 사람이 될 수는 없다고 믿었다. 언젠가 스마이시스에 대해 "그 친구는 절대 교수가 되진 않을 거야. 너무 진지하거든"이라고 말한 적도 있었다. 비트겐슈타인은 대학 동료들과의 사교 모임을 못 견뎌 했다. 트리니티의 펠로였음에도 불구하고 교수회관에서 식사하지 않았다. 그는 내게 그러려고 노력했지만(언젠가 교수 전용 테이블에서 넥타이를 매지 않았다는 이유로 부학장으로부터 경고를 받았다는 일화도 있다) 억지로 꾸며낸 부자연스러운 대화에 역겨움을 느꼈다고 말했다. 그는 어떤 형태의 허세나 부정직함도 **혐오했다**.

비트겐슈타인은 내가 직업으로서의 철학을 포기하도록 여러 차례 설득하려 했다. 그는 다른 학생들에게도 이런 설득을 했다.

이러한 노력과 별개로 그는 실제로는 내가 케임브리지에서 6개월 더 철학 공부를 계속할 수 있도록 도와주었다. 그 일은 다음과 같은 방식으로 진행되었다. 나는 2년간 지원받는 하버드 대학교 장학금으로 학비를 충당하고 있었는데, 더 이상 연장될 수 없었다. 1939년 여름에는 돈이 다 떨어져서 미국으로 돌아가야 할 형편이었다. 하지만 나는 좀 더 남아 있고 싶었다. 나는 케임브리지 대학에서 유포되고 있던 사상에 열광하고 있었고, 이제 겨우 비트겐슈타인의 연구에 대해 약간이나마 이해하기 시작했으며, 이 이해를 발전시켜 보고 싶다는 생각을 하고 있던 터였다. 한번은 비트겐슈타인과 함께 있을 때 나는 어쩔 수 없이 곧 미국으로 돌아가야 할 상황에 처해 있음을 말했다. 그는 내 사정을 모두 알고 싶어 했다. 그러고는 내가 케임브리지 철학에 매혹되었다는 걸 알고 있으며 그런 상태로 떠나는 건 유감스러운 일이 될 것이라고 말했다. 그 말은 내가 만일 좀 더 머물면서 케임브리지 철학에 대해 더 많이 알게 된다면, 더 이상 매력을 느끼지 않을 것이며, 그의 의견으로는 그렇게 되는 게 좋은 일이라는 의미였다. 그는 내가 향후 6개월 동안 살아가는 데 필요한 돈을 **자신이** 마련해줄 수 있을 거라고 생각했다. 그리고 그건 사실로 드러났다. 그는 내게 1939년 8월부터 미국으로 돌아가야 하는 1940년 1월까지 매월 현금으로 얼마씩 주었다(빌려준 게 아니라 그냥 준 것이었다). 그 기간에 그가 내게 준 총 금액은 80파운드 정도 되었다. 그는 돈을 상환받는 것에 대해서는 생각조차 하지 않았다.

1939년에 비트겐슈타인은 함께 산책을 가자며 자주 내 방에 들르곤 했다. 산책 코스는 보통 미드서머 커먼Midsummer Common과 그 너머까지였고, 우리는 강을 따라 걸었다. 그는 항상 커먼에 있는 말에게 줄 빵이나 설탕을 가져왔다. 비트겐슈타인과의 산책은 매우 사람을 지치게 만드는 것이었다. 이야기의 주제가 무엇이건 그는 엄청난 진지함과 집중력을 가지고 자기의 마음을 거기에 쏟았기 때문에, 그의 생각을 계속 따라잡는다는 건 내게는 무시무시한 긴장을 요하는 일이었다. 그는 빠르게 걸었으며, 때때로 멈춰 서서 어떤 단호한 어조로 말하면서 꿰뚫는 듯한 눈빛으로 내 눈을 들여다보곤 했다. 그러고는 몇 야드 빠르게 걷다가, 다시 걸음을 늦췄다가, 다시 속도를 내거나 멈춰 서기를 반복했다. 게다가 이 불규칙한 도보 여행에는 극도의 정밀함을 기해야 하는 대화가 동반되었다. 비트겐슈타인식 사고의 깊이와 신선함은 주제가 무엇이건 간에 상대방에게는 무척 부담스러운 것이었다. 그의 견해는 진부함과는 거리가 멀었다.

기분이 아주 좋을 때에는 우스운 태도로 농담을 하기도 했다.

그의 농담은 고의로 엉뚱하거나 터무니없는 말을 하는 방식을 취했는데, 짐짓 꾸며낸 심각한 태도와 어투로 말해졌다. 어느 날 산책을 하면서 그는 우리가 지나치는 나무를 모두 내게 '주었다.' 단, 나무를 자르거나 손대지 말아야 하고, 이전 소유주가 나무를 어떻게 하건 상관하지도 말아야 한다는 단서가 붙었다. 그러한 유보 조건과 함께 그때부터 나무들은 **나의 소유**가 되었다. 한번은 밤에 지저스 그린Jesus Green을 가로지르며 대화할 때, 그는 카시오페이아자리를 가리키며 저건 'W' 자이므로 'Wittgenstein'을 의미하는 것이라고 말했다. 나는 그건 'M'을 거꾸로 쓴 것이므로 'Malcolm'을 가리키는 것 같다고 말했다. 그는 진지한 태도로 내가 틀렸다고 단언했다.

 이렇게 마음이 가벼운 순간들은 비교적 적었다. 대체로 그의 생각들은 비관적인 것이었다. 내 생각에 그는 철학을 통해 이해에 도달하는 것은 불가능하다는 생각 때문에 끊임없이 우울증에 사로잡혀 있었던 것 같다. 그러나 그는 어리석음과 냉혹함이 세상에서 존경을 받는 모습으로 나타나는 것에 대해 더욱 깊이 염려했다. 일반적인 세상사 가운데에서 그의 관심을 끈 것 중 그에게 기쁨을 주는 것은 거의 아무 것도 없었다. 대부분의 사건들은 그에게 슬픔에 가까운 감정을 불러일으켰다. 함께 산책할 때 그는 때때로 멈춰 서서 나를 애처롭게 바라보며 "오, 신이여!"라고 외쳤다. 마치 인간의 일에 신이 관여해주기를 애원하는 듯이 말이다.

 한번은 함께 강변을 따라 산책하다가 신문 가판대에 붙어 있는 홍보 문구를 보았는데, 거기에는 영국 정부가 히틀러를 폭탄으로 암살하려는 시도를 선동했다고 독일 정부가 비난하고 나섰다고 쓰여 있었다. 이것은 1939년 가을 무렵이었다. 비트겐슈타인은 독일의 주장에 대해 "그것이 전부 사실이라 하더라도 전혀 놀라운 일이 아니지"라고 말했다. 나는 영국 정부의 고위 인사들이 그런 짓을 했을 거라고는 믿을 수 없다고 반박했다. 영국인은 너무나도 개화되고 세련된 사람들이라 그런 비밀스럽고 정당하지 못한 일은 하지 않을 거라는 의미였다. 그리고 또 그런 행동은 영국인의 '국민성'과도 어울리지 않는다고 덧붙였다. 나의 말은 비트겐슈타인을 극도로 화나게 했다. 그는 내 말이 매우 어리석다고 여겼고, 자신이 전달해주려고 했던 철학적 훈련으로부터 내가 전혀 배운 게 없다는 걸 보여주는 것이라고 해석했다. 그는 이런 것들을 매우 격렬한 어조로 말했고, 내가 나의 말이 어리석었다는 걸 인정하려 들지 않자 더 이상 내게 말을 걸지 않았다. 그리고 우리는 곧 헤어졌다. 그는 격주에 한 번씩 하는 강의에 앞서 잠깐씩 하는 산책에 나를 데려가기 위해 체스터턴 로드Chesterton Road에 있는 내 하숙집을 찾아오는 게 습관이었다. 하지만 이 사건 뒤로는 발길을 끊었다. 뒤에서 알게 되겠지만, 그는 이 사건을 몇 년 동안이나 잊지 않고 있었다.

 1939년에 무어는 비트겐슈타인이 참석하지 않았던 어느 도덕과학클럽 저녁 모임에서 논문을 하나 발표했다. 무어는 그 논문에서 사람은 자신이 이러저러한 감각을 가진다는 것, 예컨대 통증을 느낀다는 것을 알 수 있다는 걸 증명하려 했다. 이는 비트겐슈타인에게서 비롯된 견해, 즉 지식 및 확실성의 개념들은 우리의 감각에는 적용되지 않는다는 관점(《철학적 탐구》, §246)에 반대되는 것이었다. 비트겐슈타인은 나중에 무어의 논문에 대해 듣고는 전쟁터의 말처럼 사납게 반응했다. 그는 그다음 화요일에 무어의 집 모임 at-home에 참석했다. 폰 브릭트와 루이 Casimir Lewy, 스마이시스와 나, 그리고 한두 명이 더 있었던 것 같다. 무어는 자신의 논문을 다시 읽었고 비트겐슈타인은 즉시 공격을 했다. 그는 내가 그때까지 본 어떤 토론에서보다도 훨씬 흥분해 있었다. 그는 격정으로 가득 차 있었고, 빠르고 강하게 이야기했다. 그는 무어에게 질문을 던졌지만 종종 무어가 대답할 기회도 주지 않았다. 비트겐슈타인은 거의 끊임없이 말했고, 무어가 중간중간 몇 마디 끼어들기만 했을 뿐 다른 사람들은 말 한마디 못 한 채로 두 시간이 지나갔다. 비트겐슈타인의 명석함과 지배력은 매우 인상적이었고 심지어 무서울 정도였다. 며칠 후 그가 스마이시스와 함께 이 모임에 대해 이야기할 때 스마이시스는 비트겐슈타인이 무어에게 대답도 못 하게 했다는 점에서 무례했다고 넌지시 말했다. 비트겐슈타인은 터무니없는 소리라고 코웃음 쳤다. 하지만 다음에 무어를 만났을 때 그는 "지난번 토론에서 제가 무례했다고 생각하십니까?"라고 물었다. 무어는 이에 대해 "맞아, 무례했지"라고 대답했다. 그러자 비트겐슈타인은 뻣뻣하고 마지못한 사과를 했다고 한다.[1]

1939년 겨울, 무어는 도덕과학클럽에서 또 하나의 논문을 발표했다. 토론 중 비트겐슈타인은 무어를 비판했는데, 내가 보기에 그의 비판은 무어의 논지 일부를 간과한 것이었다. 그래서 나는 토론 중에 비트겐슈타인의 비판이 무어에게 '공정하지' 못하다고 생각한다고 말했다. 모임이 끝난 직후 사람들이 아직 서성이고 있을 때, 비트겐슈타인은 내게로 다가와 불타는 듯이 화난 눈빛으로 쏘아보면서 말했다. "자네가 뭔가를 좀 안다면, 내가 아무에게도 불공정하게 대하지 않는다는 걸 알 텐데. 이건 자네가 내 강의를 전혀 이해하지 못했다는 것 보여주는 거야." 그러고는 돌아서서 나가버렸다. 나는 벼락을 맞은 사람처럼 대경실색했다.

그날 밤인지 혹은 그다음 날인지 나는 스마이시스에게 이 사건을 말하고 내 의도는 비트겐슈타인이 무어를 속였다는 게 아니라 단지 무어의 논지를 부분적으로 빠뜨렸다는 것이었다고 설명했다. 그로부터 하루 내지는 이틀 후 나는 갑자기 감기로 앓아눕게 되었다. 톰 로젠마이어Tom Rosenmeyer라는 젊은 독일인 친구가 나를 돌봐줄 사람이 없는 것을 염려하여, 비트겐슈타인과 내가 친했다는 걸 알고는 비트겐슈타인을 찾아갔다. 그는 비트겐슈타인을 만난 적이 없었던 사람이었다. 노크를 하자 비트겐슈타인이 방문을 열었다. 로젠마이어가 다짜고짜 "맬컴이 앓아누웠어요"라고 하자 비트겐슈타인은 즉시 "기다리게. 금방 갈 테니"라고 답했다. 두 사람은 즉시 나타났다. 비트겐슈타인은 내 침대로 다가와 다소 심각한 어조로 말했다. "스마이시스가 그러던데, 내가 자네 의도를 오해했다고 하더군. 만일 그렇다면 미안하네." 그러고는 나를 좀 더 편안하게 해준다며 방을 청소하는 소동을 벌였다. 그리고 음식과 약을 가져다주는 일을 떠맡았다. 나는 이렇게 화해가 된 데 대해 무척이나 행복했다. 일주일 정도가 지난 뒤 나는 미국으로 떠났다. 내가 떠나기 전에 비트겐슈타인이 한 마지막 말 가운데 하나는 "자네가 다른 무슨 일을 하든, 여자 철학자와 결혼하는 일은 없기를 바라네!"라는 것이었다.

비트겐슈타인과의 서신 왕래 I
1940.3.~1946.4.

1940년 2월 나는 1년 반 동안의 케임브리지 생활을 마치고 미국으로 돌아왔다. 비트겐슈타인과는 계속 편지를 주고받았다. 비트겐슈타인은 탐정소설 잡지를 좋아했는데, 전쟁 중에 영국에서 잡지를 구할 수가 없었기 때문에 내가 정기적으로 잡지를 보내주었다. 비트겐슈타인은 매호마다 몇 개의 단편 추리소설이 실린 스트리트앤스미스Street & Smith의 잡지를 특히 선호했다. 비트겐슈타인은 잡지 소포가 잘 도착했다고 케임브리지에서 편지로 알려주었다.

정말 고맙네! 틀림없이 내용이 훌륭할 테지. 나의 비판적인 눈은 읽어 보지 않고도 알 수 있다네. 왜냐하면 내 비판적인 눈은 엑스레이 같아서 2쪽부터 4000쪽까지 꿰뚫어볼 수 있으니까. 사실 나는 모든 걸 그런 식으로 배웠지. 이제는 더 부담 갖지 않아도 되네! 한 달에 잡지 한 권이면 **충분하니까**. 더 많이 보낸다면 철학은 어느 세월에 하겠나. 그리고 나한테 보낼 잡지 사는 데 돈 낭비하지 말고, **자네 먹는 거나 충분히 사 먹게!** [1]

전쟁 중에도, 전쟁이 끝난 뒤에도 비트겐슈타인은 편지에서 누차 탐정 잡지에 관해 언급했다.

탐정 잡지를 보내주면 좋을 것 같네. 요즘엔 도무지 그걸 구할 수가 없

어서 말이야. 마치 정신이 영양부족 상태에 빠진 것처럼 느껴져. [4]

(잡지 속에—옮긴이) 정신적 비타민과 칼로리가 아주 **풍부**하게 함유되어 있더군. [19]

무기대여법Lend-Lease(미국이 2차 대전 동안 연합국들에 막대한 전쟁 물자를 제공할 수 있게 한 법—옮긴이)이 만료된 건 내게 정말로 충격적이네. 그것 때문에 이 나라에 탐정 잡지가 부족해질 수도 있으니 말이야. 나는 다만 케이스 경이 워싱턴에서 이 점을 분명히 해두었으면 좋겠네. 무슨 얘기냐 하면, 미국이 탐정 잡지를 공급하지 않는다면 우리는 철학을 제공할 수 없다는 거고, 그러면 미국은 결국 패배할 수밖에 없을 거라는 얘기지. 무슨 말인지 알겠나? [14]

비트겐슈타인은 스트리트앤스미스 '잡지'와 국제적인 철학 학술지 《마인드》를 비교하기도 했다.

자네가 보낸 잡지를 읽다 보면, 사람들이 스트리트앤스미스의 잡지를 읽을 수 있는데도 불구하고 어떻게 저 무기력하고 파산 상태인 '마인드' 따위를 읽을 수 있는지 종종 의심스러진다네. 뭐, 사람마다 취향이 다르긴 하지만 말이야. [17]

2년 반 뒤에 그는 또 이와 비슷하게 비교를 했다.

자네가 보내준 잡지는 정말 훌륭하네. 사람들이 스트리트앤스미스를 읽을 수 있는데도 어떻게 《마인드》를 읽는지 도무지 알 수가 없어. 만일 철학이 지혜와 어떤 관계가 있다면 《마인드》에는 한 톨의 지혜도 없는 게 확실해. 반면에 탐정소설에는 종종 꽤 많은 지혜의 알갱이들이 있지. 〔27〕

한 번은 비트겐슈타인이 어떤 탐정소설을 너무나 좋아했는데, 무어와 스마이시스에게 빌려주기도 하고, 그 소설가가 쓴 다른 작품들을 내가 알아봐주기를 바라기도 했다.

정신 나간 소리처럼 들릴지 모르지만 나는 최근에 그 소설을 다시 재미있게 읽었어. 너무 재미있어서 저자에게 정말로 감사의 편지를 쓰고 싶을 정도였지. 바보 같은 말처럼 들려도 놀라지는 말게. 사실 나는 바보이니까 말이야. 〔29〕

비트겐슈타인은 편지에서 대학교수인 내게 따라다닐 수밖에 없는 부정직해지기 쉬움에 대해 누차 경고했다. 내가 철학 박사학위를 받았다고 편지를 보내자 그는 이렇게 답했다.

박사학위 받은 걸 축하하네! 그리고 이제 자네가 그것을 잘 활용하길 바라네. 무슨 말인가 하면 자네 자신 또는 학생들을 기만하는 일이 없기를 바란다는 얘기야. 왜냐하면 내가 아주 많이 틀리지 않는다면, 사람들은 자네가 **그렇게 하기**를 기대할 것이기 때문이지. 그리고 그 기대에 따르지 않는다는 건 **매우** 힘든 일이라는 게 사실이네. 어쩌면 불가능할 수도 있지. 그런 경우에는 일을 **그만둘** 힘을 가지기를 바라네. 이

걸로 오늘의 설교는 끝. 〔…〕 좋은 생각(반드시 똑똑할 필요는 없어)을 많이 하고, 쉽게 밑천이 드러나지 않는 고귀함을 간직하길 바라네. 〔3〕

1940년 가을 내가 프린스턴 대학교에 강사로 가게 되었을 때, 비트겐슈타인은 다음과 같은 편지를 써 보냈다.

행운을 비네. 특히 대학 일이 잘 되길 바라네. 자신을 속이려는 유혹이 **엄청나게 커질 거야**(자네가 유독 그렇다는 건 아니고 그와 같은 위치에 있는 누구나 마찬가지일 걸세). **오로지 기적에 의해서만** 철학을 가르치면서도 고귀한 일을 할 수 있을 것이네. 내가 지금까지 했던 말을 다 잊는다 해도 부디 이 말만은 기억하게. 그리고 되도록 나를 꼰대라고 생각하지는 말게. 아무도 자네에게 이런 말을 해주지는 않을 테니까. 〔4〕

다음 여름 나는 프린스턴에서 재임용이 되지 않아 앞으로 1년만 더 가르치고 군에 입대할지도 모른다고 말했다. 그러자 비트겐슈타인은 다음과 같은 답장을 보냈다.

내년이 지나면 프린스턴에서 가르칠 수 없게 되었다니 유감이군. **이건 정말이네**. 철학을 가르치는 일에 관한 내 견해에 대해서는 잘 알겠지만, 내 입장엔 아직 변함이 없어. 하지만 나는 자네가 **정당한** 이유로 그만두기를 원하지 부당한 이유로 그만두는 걸 원하지는 않아(**내가 이해할 수 있는** 방식의 '정당함'과 '부당함'을 말하는 거야). 나는 자네가 훌륭한 군인이 될 거라는 걸 알지만, 자네가 꼭 그럴 필요가 없다면 좋겠어. 자네가 조용한 삶을 살면서 친절과 **배려를 필요로 하는** 다양한 부류의 사람들에게 친절과 배려를 나눠줄 수 있는 자리를 얻을 수 있다면 좋으련만! 왜냐하면 우리 모두 이런 미덕을 절실히 원하고 있기 때문이지. [5]

1942년 봄 나는 프린스턴 강사직을 그만두고 해군에 입대했다. 군에 있는 3년 동안 아주 가끔씩밖에는 비트겐슈타인에게 편지를 하지 못했다. 그의 답장은 항상 신속했고 애정이 담겨 있었다. 한 번은 고트프리트 켈러Gottfried Keller의 《하트라우프Hadlaub》 문고본을 내게 보내주었다.

아주 멋진 독일 소설 한 권을 지저분한 책이나마 동봉하네. — 적어도 내겐 더 괜찮은 책을 찾아볼 시간도 없었고, 자네가 상상할 수 있듯이 독일 책은 요즘 구하기가 아주 힘들다네. 어쩌면 이 책이 어렵고 내용도 별로라고 생각할지 모르지만, 자네가 이 책을 좋아하길 바라네. 이건 일종의 크리스마스 선물이니 책이 더럽다고 신경 쓰지 않았으면 하네. 이런 책이 좋은 것은 밑바닥 기관실에서 읽어도 **더** 더러워지지는 않는다는 점이지. 자네가 책이 마음에 든다면 다른 권들도 찾아보도록 하지. 이건 '취리히 단편집Zuricher Novellen'이라 불리는 다섯 권 중 하나거든. 책들이 전부 취리히와 어떻게든 관련되어서 그렇게 불리지. 켈러는 스위스 사람인데, 최고의 독일어 **산문** 작가 중 하나야. [6]

비트겐슈타인은 1942년 11월, 전쟁 중 잠시 잡역부로 일했던 런던의 가이병원에서 이 편지를 보내왔다. 다음 해에는 뉴캐슬에 있는 왕립 빅토리아 병원Royal Victoria Infirmary에서 두 통의 편지가 왔다. 당시 그는 그곳 임상연구실에서 일하고 있었다. 한 편지에서 그는 다음과 같이 후회했다.

나 역시 안팎의 사정으로 철학을 할 수 없어서 유감이야. 철학이 나에게 만족을 주는 유일한 작업인데 말일세. 다른 일에는 흥미가 느껴지지 않아. 요즘 난 엄청 바빠서 종일 정신이 없다네. 하루가 끝나면 피곤하고 비참함만 느껴질 뿐이네. — 뭐, 아마도 다시 좋은 시절이 오겠지. 〔…〕 나는 요새 케임브리지에 3개월에 한 번 정도밖에 가지 않고 학교에 있는 방도 비웠네. 물론 전쟁이 끝나면 교수로 돌아가게 되어 있지. 하지만 그렇게 될 수 있을지 상상이 안 되는군. 내가 다시 정식으로 철학을 가르칠 수 있게 될지 모르겠네. 차라리 그럴 수 없기를 바랄 뿐이네. [7]

석 달 후 비트겐슈타인은 같은 곳에서 편지를 보내왔다.

나는 여전히 같은 일을 하고 있지만 곧 여기를 떠날지도 모르네. 연구소장이 군대로 들어가기 때문에 연구소 전체가 해산되거나 새로운 소장이 오게 될 것 같아. 여기서 난 약간은 외롭게 지낸다네. 대화를 나눌 사람이 있는 곳으로 옮겨볼까 하네. 리스Rhees가 철학 강사로 있는 스완지 같은 곳으로 말일세. [8]

내가 받은 그의 다음 편지가 거의 1년이 지난 1944년 11월자인 걸 보면, 아마도 이 편지를 받고 한참 뒤에 비트겐슈타인에게 답장을 했던 것 같다. 그는 케임브리지의 트리니티 칼리지로 복귀해 있었다. 이 편지에서 그는 소위 영국의 히틀러 암살 음모를 놓고 우리가 언쟁을 했던 사건을 다시 끄집어냈다.

오늘 아침 도착한 11월 12일자 편지 잘 받았네. 편지가 와서 기쁘군. 나는 자네가 나를 잊은 게 아닌지 혹은 잊고 싶은 게 아닌지 하고 생각했지. 내가 이런 생각을 하는 데는 특별한 이유가 있네. 자네 생각을 할 때마다 나에겐 매우 중요한 특별한 사건이 떠오르기 때문이지. 우리는 철교 쪽으로 강변을 산책하다가 격한 논쟁을 한 적이 있는데 그때 자네가 '국민성'에 대한 미개한 언급을 해서 나를 경악하게 했었지. 그때 나는 이렇게 생각했네. 만약 철학을 공부함으로써 얻는 효용이 그저 난해한 논리학의 문제들 같은 것에 관해서 어느 정도 그럴듯하게 말할 수 있게 하는 것이라면, 만약 철학을 공부하는 것이 일상의 중요한 문제들에 관한 생각을 개선시켜주지 않는다면, 만약 자기들의 목적을 위해서 **위험한** 문구들을 사용하는 여느… 언론인보다 우리를 더 양심 있게 만들지 않는다면, 철학을 공부하는 게 무슨 소용이 있겠는가? '확실성', '확률', '지각' 등에 관해서 잘 생각하는 것이 어렵다는 것을 나는 잘 알고 있다네. 하지만 우리 인생과 다른 사람들의 삶에 관해서 참으로 정직하게 생각하거나 그러려고 **노력하는** 것은 가능하긴 하지만 훨씬 더 어려운 일이지. 문제는 이런 것들을 사유하는 것이 **가슴 뛰는 게 아니라** 종종 매우 불쾌하다는 사실이지. 그리고 불쾌할 때가 **가장** 중요한 거라네. — 설교는 여기서 그만두지. 내가 말하고 싶었던 건 이걸세. 자네가 **몹시** 다시 보고 싶다는 거. 하지만 우리가 만나서 철학 이외의 진지한 문제들에 대한 대화를 피하는 것은 잘못이라고 보네. 나는 소심한 사람이라 충돌을 좋아하지 않아. 특히 내가 좋아하는 사람과는 더욱 그렇지. 하지만 피상적인 대화를 하느니 차라리 충돌하는 게 낫다고 생각한다네. — 자네가 점점 편지를 쓰지 않는 걸 보면서 이런 생각이 들었네. 자네가 우리가 너무 깊게 파고들면 아주 중요한 문제에서 서로 눈을 마주 볼 수 없게 될 거라고 생각한 것이 아닌가 하고 말이야. **어쩌면 내가 전혀 잘못 생각했는지도 모르지**. 우리가 살아서 다시 보게 된다 해도 파헤치기를 꺼리지 말도록 하세. 자신이 다치는 게 두려운 사람은 정직하게 생각할 수 없는 법이야. 나는 이것을 잘 알고 있네. 왜냐하면 나도 그런 회피자이니까. 〔…〕 이 편지를 기분 좋게 읽기 바라네. **행운을 비네.** 〔9〕

6개월 후(1945년 5월) 내가 탄 배가 사우샘프턴에 정박했을 때, 나는 케임브리지를 방문할 수 있는 35시간의 외출 허가를 받았다. 오후에 비트겐슈타인을 만나 함께 저녁을 먹었는데 그 만남은 힘들고 고통스런 것이었다. 그는 내게 어떠한 따뜻한 말도 건네지 않았다. 심지어 인사조차 하지 않았다. 그는 다소 음울한 얼굴로 내게 고개만 끄덕이고는, 자리에 앉으라고 권했다(트리니티의 휴얼관에 있는 그의 방에서 있었던 일이다). 우리는 오랫동안 말없이 앉아 있었다. 비트겐슈타인이 말을 시작했을 때, 나는 온 힘을 기울였지만 그가 무슨 말을 하는지 알아들을 수 없었다. 해군에 복무하는 동안 나의 지적 능력이 떨어졌다는 것을 뼈저리게 느꼈다. 그는 끝내 차갑고 엄격했다. 우리는 서로 손 한 번 잡지 않았다. 비트겐슈타인은 저녁을 준비했고 메인 요리는 계란 분말이었다. 비트겐슈타인이 계란 분말을 좋아하는지 물었다. 그가 얼마나 정직함을 중히 여기는지를 아는 나는 사실은 계란 분말을 아주 싫어한다고 대답했다. 비트겐슈타인은 내 대답을 마음에 들어 하지 않았으며 계란 분말이 그에게 좋다면 내게도 좋다는 식의 말을 중얼거렸다. 나중에 비트겐슈타인은 이 일을 스마이시스에게 이야기했는데, 스마이시스의 말에 따르면 비트겐슈타인은 내가 계란 분말을 싫어하는 걸 속물이 된 징표로 생각했다 한다.

그다음 날 비트겐슈타인은 내가 몇 주 전에 쓴, 앞서 인용한 편지의 답장을 받았다. 그 편지에서 나는 '국민성'에 대한 내 의견이 어리석었다는 걸 인정했던 걸로 기억한다(왜냐하면 그렇게 생각하게 되었기 때문이다). 그리고 비트겐슈타인이 편지에서 내게 해준 말에 감사를 표했던 건 분명하다. 아무튼 그는 즉시 내게 답장을 보냈다. 그 편지를 "자네가 오기 전에 받았더라면 자네와 만나는 일이 좀 더 수월했을 텐데"라는 내용이었다. 그는 이렇게 덧붙였다.

우리가 함께 있을 때 **자네도** 나처럼 생각이 많았을 것이라고 생각하네. 자네가 내게 편지를 보낸다면 — 그러길 바라네만 — 앞으로는 세례명으로 불러주면 좋겠네. 나도 그렇게 할 테니까. 어리석은 소리로 들리거나 뭔가 잘못되었다고 생각하면, 솔직히 그렇다고 말하게. 그 때문에 상처받지는 않을 테니까. [10]

한 달 후에 쓴 편지에서 내가 전쟁이 '지겹다'고 말하자 그는 이렇게 답장했다.

전쟁이 '지겹다'는 생각에 대해 이런 말을 해주고 싶네. 만일 어떤 소년이 학교가 아주 지겹다고 말한다면 그 애에게 이렇게 대답할 수 있을 테지. 만일 네가 거기서 정말로 배울 수 있는 걸 배우게 된다면, 학교가 **그렇게도** 지겹지는 않다는 걸 알게 될 거라고. 이제 내가 말하는 것을 언짢아하지 말고 들어보게. 자네가 **만일** 눈을 뜨고 지켜본다면 이 전쟁에서 인류에 대해 엄청나게 많이 배울 수 있다고 믿을 수밖에 없을 것이네. 그리고 더 잘 생각할수록 자네가 보는 것으로부터 더 많이 얻을 수 있지. 왜냐하면 사유한다는 것은 **소화하는 것**이기 때문이네. 설교하는 투로 쓰고 있다면 내가 정말 멍청이겠지! 하지만 많이 권태롭다는 건 정신적 소화가 제대로 되지 않고 있다는 것을 의미한다는 사실에는 변함이 없네. 좋은 치료법은 때로는 눈을 더 크게 뜨는 것이라고 생각하네. 때로는 책이 약간은 도움이 되기도 하지. 예를 들어 톨스토이의 '하지 무라트Hadshi Murat'도 나쁘지 않을 거야. 미국에서 그걸 구할 수 없다면 말해주게. **아마** 여기서 구할 수 있을 테니까. [11]

비트겐슈타인은 그 책을 내게 보내주었고, 그다음 편지에서 그에 대한 이야기를 했다. "책에서 많은 걸 얻기 바라네. 그 **안에는** 많은 것이 들어 있으니까." 작가인 톨스토이에 대해서는 "글 쓸 자격이 있는 **진정한** 인간이지"라고 평했다. 그는 내 의견에 대해 같은 편지에서 "그래 맞아, 배가 왜 '생각'을 하기에 좋은 장소가 아닌지 그 이유를 알 수 있을 것 같군. ─ 나는 자네가 매우 바쁘다는 사실을 말하는 게 **아니야**"[13]라고 썼다.

나중에 비트겐슈타인과 내가 1차 대전 기간 중 그가 군 복무했던 것에 대해 이야기할 때 그는 지겨웠던 적이 한 번도 없었다는 점을 강조해서 말했다. 심지어 군 복무를 싫어하지 않았다는 말까지 한 걸로 기억한다. 비트겐슈타인은 자신이 어떻게 배낭 속에 노트를 지니고 다녔는지, 그리고 어떻게 틈이 날 때마다 자신의 첫 번째 책인 《논리철학논고》를 구성하고 있는 생각들을 적어 넣었는지를 말했다.

《하지 무라트 Hadji Murat》를 언급한 첫 편지에는 비트겐슈타인이 《철학적 탐구》라는 새로운 책을 낼 준비를 하고 있다는 말도 있다.

내 작업은 더럽게 느리게 진행되고 있네. 내년 가을까지는 출판될 수 있을 정도의 분량을 써놔야 할 텐데. 아마 그러지 못할 것 같네. 난 정말 **지독하게 형편없는 일꾼**이니까 말일세! [11]

두 달 후(1945년 8월) 비트겐슈타인은 이렇게 썼다.

지난 학기에는 상당히 연구를 많이 했다네. 나 자신을 위해서 그렇다는 얘기야. **만일** 모든 것이 잘 풀린다면 크리스마스까지는 출판하게 될지도 모르겠어. 내 작품이 훌륭하다는 얘기는 아니고, 내가 지금 이것보다 더 잘 쓸 수는 없다는 뜻이네. 책이 완성되면 나는 그걸 가지고 세상으로 나와야만 할 것 같네. [12]

그러나 다음 달에는 이렇게 썼다.

연구가 잘 진행이 안 되고 있네. 부분적으로 내 콩팥 한쪽에 이상이 생겼기 때문이지. 심각한 건 아니지만 그것 때문에 나는 신경과민에 안절부절 못하고 있네(나는 항상 핑계만 대는군). [14]

2주일 후에는 이렇게 썼다.

내 책은 거의 끝나가고 있어. 자네가 기특하게도 케임브리지에 온다면, 그 책을 읽게 해주지. 어쩌면 그 책이 자네를 실망시킬지도 몰라. 그리고 사실 아주 형편없는 책이야(그렇다고 100년을 더 노력한다고 책이 본질적으로 개선될 수 있을 것 같지도 않아). [15]

이 편지에서 비트겐슈타인은 "일종의 살아 있는 죽음과도 같은", "철학 교수라는 어처구니없는 직업"을 그만둘 가능성에 대해 언급했다. 넉 달 후 비트겐슈타인은 이렇게 썼다.

3일 후면 강의가 시작되네. 또 쓰레기 같은 말을 많이 하게 되겠지. 내가 사임하기 전에 자네가 케임브리지에 와서 한 학년을 보낼 수 있다면 좋을 텐데! 그것은 좋은 일이 될 것이고, 달갑지 않은 나의 교수직에 대해서도 훌륭한 결말이 되겠지. [20]

나는 톨스토이의 《부활Resurrection》을 읽다가 다음과 같은 문장으로 시작되는 59장 첫 번째 구절에 크게 감명을 받았다. "가장 널리 퍼진 미신 중 하나는 모든 사람을 각자 어떤 특정한 성품으로, 예컨대 친절하다, 사악하다, 멍청하다, 열정적이다, 냉담하다 등으로 말할 수 있다는 미신이다." 비트겐슈타인에게 보낸 편지에서 이 구절을 인용했는데, 그는 다음과 같은 코멘트를 보내왔다.

언젠가 '부활'을 읽으려고 해봤는데 읽을 수가 없었어. 자네도 알다시

피 톨스토이는 그냥 이야기를 말할 때에는 대단한 인상을 주지만, 독자에게 설교를 할 때는 그렇지 못한 것 같아. 내게는 그가 독자에게 등을 돌릴 때가 **가장** 인상적으로 보이네. 아마 언젠가 이에 대해 이야기를 나눌 때가 있겠지. 그의 철학은 이야기 속에 **숨이 있을** 때가 가장 진실한 것 같네. [15]

다른 편지에서 그는 이렇게 썼다.

며칠 전에 존슨Johnson의 '교황의 삶Life of Pope'을 읽었는데 매우 좋았네. 내가 케임브리지에 가는 대로 존슨이 쓴 '기도와 명상Prayers & Meditations' 소책자를 한 부 보내주겠네. 좋아하지 않을 수도 있겠지. 하지만 좋아할지도 몰라. 아무튼 나는 좋아한다네. [14]

비트겐슈타인은 정말로 그 책을 보냈고, 함께 보낸 편지에서 이렇게 말했다.

전에 보내기로 약속했던 소책자를 동봉하네. 절판된 것 같아 내가 가진 책을 보내네. 보통 나는 인쇄된 기도문을 읽지 않는데 존슨의 기도문은 **인간적이라서** 깊은 감명을 주더군. 아마 책을 읽어보면 무슨 말인지 알게 될 걸세. **전혀** 자네 마음에 들지 않을지도 모르겠군. 자네는 어쩌면 나와는 다른 각도에서 볼 수도 있으니까(하지만 같은 각도에서 볼지도 모르지). 책이 맘에 들지 않는다면 그냥 던져버리게. 내가 헌사를 쓴 페이지는 잘라두고 말이야. 혹시 내가 나중에 **아주** 유명해지면 내 서명이 꽤 값이 나가서, 자네 손자들이 매우 큰 '돈'을 받고 팔 수도

있을 테니까. [16]

웨일스에서 보낸 편지에서 비트겐슈타인은 이렇게 썼다.

내 하숙집 주인은 현대영어역본 성경을 가지고 있더군. 굿스피드 E. J. Goodspeed란 사람이 번역한 신약은 마음에 들지 않지만, 여러 사람이 번역한 구약은 많은 것을 명확하게 해줘서 내게는 **충분히** 읽을 가치가 있어 보이네. 아마 자네도 알게 될 걸세. [15]

프로이트를 읽기 시작해서 흥미로웠던 점을 비트겐슈타인에게 말한 적이 있었다. 그는 이렇게 답장했다(1945년 12월).

나 역시 프로이트를 처음 읽었을 때 큰 인상을 받았지. 그는 정말 비범한 사람이야. — 물론 믿지 못할 생각도 많고, 그 개인의 매력과 그 주제의 매력이 워낙 커서 자네가 쉽게 속을 수도 있지.
프로이트는 항상 마음속의 어떤 강한 힘들과 어떤 강한 편견들이 정신분석이라는 관념에 반발하는지만을 강조하지. 그러나 그는 그 관념이 프로이트 자신에게뿐만 아니라 사람들에게도 얼마나 큰 매력을 지니는지를 언급하지 않아. 불쾌한 어떤 것을 드러내는 일은 강한 편견에 부딪힐 수 있지만, 그것은 종종 혐오스럽다기보다는 오히려 **매력적인** 일이기도 해. 자네가 **아주** 분명하게 사고하지 않는다면, 정신분석은 위험하고 고약한 기술이며 이익은 없는 데 비해 엄청난 해를 끼치는 것이 될 수 있다네. (내가 노파심에서 이런 소리를 한다고 생각한다면 — 다시 생각하기 바라네!) — 물론 이 모든 것이 프로이트의 놀라운 과학적 성취를 손상시키지는 못하지. 단지, 놀라운 과학적 성취가 요즘 흔히 인류 파괴에 사용된다는 게 문제이지(정신과 육체 또는 지성을 파괴한다는 뜻일세). 그러니 정신 똑바로 차리고 있어야 하네. [18]

1946년 봄 비트겐슈타인은 다음과 같이 편지를 썼다.

마음이 몹시 혼란스럽네. 수업을 제외하면 오랫동안 제대로 된 연구를 하지 못하고 있어. 지난 학기 수업은 그럭저럭 괜찮았지. 하지만 지금 내 머리는 다 타서 소진된 것 같아. 마치 사방에 벽만 덩그러니 서 있고, 검게 탄 잔해만 남아 있는 듯한 느낌이라네! 자네가 올 때쯤이면 내 상태가 호전되어 있기를 바라도록 하세. [···] 내일이 첫 강의다. 이런 제길! [···] 자네는 머리와 가슴이 나보다는 온전한 상태이길 바라네. [21]

다시 케임브리지에서
1946년 가을~1947년 여름

우리의 서신 왕래는 1946년에 끝이 났다. 비트겐슈타인이 교수직을 유지한 마지막 해(1947년—옮긴이)를 케임브리지에서 보내기 위해, 그해 가을 내가 가족과 함께 그리로 갔기 때문이다. 비트겐슈타인은 1주일에 한두 번씩 지저스 그린 근방의 설 스트리트Searle Street에 있는 우리 집을 방문했다. 처음에 그는 모든 '교수들의 아내'에 대해 항상 그랬듯이, 한 번도 만난 적이 없던 아내를 못 미더

워했지만 곧 이를 극복했다. 저녁을 먹은 뒤에 설거지는 자기가 하겠다고 나서곤 했다. 그는 온수 장치에서 더운 물이 나오는 욕조에서 훨씬 더 효율적으로 설거지를 할 수 있다는 아이디어를 떠올렸다. 허리를 굽혀야 하는 어려움에도 불구하고 그는 욕조에서 여러 번 설거지를 했다. 비트겐슈타인은 청결에 대해서 엄격한 기준을 갖고 있었다. 우리가 비누나 깨끗하고 뜨거운 물을 충분히 쓰지 않고 설거지를 한다는 생각이 들면 불안해하는 기색을 보였다. 그는 접시 닦는 행주를 개량한 접시 닦개를 아내에게 선물했다.

비트겐슈타인은 그해 세 학기 동안 심리철학에 속하는 주제들에 대해 강의를 했다. 나는 첫 두세 강의는 필기를 했는데, 비트겐슈타인이 내게 몹시 많은 질문을 던져서 필기를 하면 제대로 된 답을 할 수 없었기 때문에 필기를 포기했다(피터 기치 Peter Geach는 강의를 전부 필기했고, 그건 아직도 보존되어 있다). 비트겐슈타인은 강의 초기에 한번은 내게 토론에 활발하게 참여하길 바란다고 말했다. 나는 최선을 다하겠다고 굳게 결심했고, 그해 내내 강의가 진행되는 동안 그의 사유를 따라가기 위해 엄청난 노력을 기울였다. 그 결과 두 시간이 끝날 때가 되면 나의 정신은 완전히 탈진 상태가 되었다. 강의는 7년 전보다 내게는 훨씬 더 흥미진진했다. 여전히 잘 이해하지는 못했지만 비트겐슈타인의 생각들을 전보다는 더 잘 이해했고, 그 사고의 놀라운 깊이와 독창성은 너무나도 명백하게 알 수 있었다. 강의가 끝나면 종종 나는 이해한 것을 간단히 요약해두었다. 비트겐슈타인이 던진 질문들이 어떠한 것이며, 그가 이 질문에 대한 답으로 제시한 생각들이 어떤 것인지를 보여주기 위해 몇몇 강의에서 내가 필기한 것들을 그대로 옮겨 적어보겠다.

때로 부분적으로는 그럴지도 모르지만 이 기록들은 말을 그대로 옮겨놓은 건 아니다. 강의에서 가장 인상 깊었던 생각들을 기억해 요약해놓은 것에 지나지 않는다. 강의가 끝나고 몇 시간이 지난 뒤에 쓴 것도 있고 종종 하루나 이틀 후에 쓴 것도 있다.

한 강의에서 그는 표현의 용도에 관한 **설명**의 개념을 말했다.

빨간색(그리고 남몰래 혼자서 뭔가를 생각하는 현상)은 특수하므로 말로 표현할 수 없는 것이라는 가정 속에는, 우리가 빨간 이미지를 봄으로써 빨강이 무엇인지를 배울 수 있다는 가정이 숨어 있다. 그러나 내가 만일 당신의 머리를 쳤는데 그 후로 당신이 '빨강'이란 단어를 정확하게 사용할 수 있게 되었다면 어떻게 될까? 이것이 빨강이 무엇인가에 대한 설명이 될까? 물론 될 수 없다. 이해를 만들어내는 **무엇이든** 설명인 것은 아니다. 문을 연다고 해서 **무엇이든** 열쇠가 되는 건 아닌 것이다. 어떤 이는 이렇게 말할지도 모른다. "나는 이 책이 빨갛다는 걸 안다. 왜냐하면 나는 빨강에 대한 내적 인상mental impression이 있기 때문이다." 하지만 자신이 그 인상을 올바르게 기억한다는 걸 어떻게 아는가? 그리고 어떻게 그 인상을 책과 비교하는가?

설명이란 사적인 어떤 것이 될 수 없다. 그것은 반드시 공적이어야 한다. 설명은 어딘가에 도달하는 기술을 제공해야 한다. 설명은 길을 보여주어야 한다. 그것은 단어를 사용하는 방법을 제공해야 한다.

따라서 만일 누군가 "나는 다른 사람에게는 보여줄 수 없지만, 나 자신에게는 생각한다는 게 무엇인지를 보여줄 수 있다"라고 말한다면, 우리는 이렇게 대답할 수 있다. 이 사람은 자신이 그 단어를 올바로 사용할 수 있게 해주는 어떤 것을 말하는지도 모른다. 하지만 이것은 전혀 우리가 '설명' 또는 '보여주기'라고 부르는 것이 아닐지도 모른다고.

우리의 방법에 대해서 다음과 같이 반박할 수 있다. "누군가 **시간**이란 무엇인가를 묻는데, 당신은 '시간은 어떻게 측정되는가?'를 되묻고 있다. 하지만 시간과 시간의 측정은 별개의 것이다. 이것은 마치 누군가 '책이란 무엇인가?'를 물었는데 당신은 '우리는 어떻게 책을 얻는가?'라고 대답하는 것과 같다."

이 반론의 요지는 우리가 **시간**이 무엇인지를 알고 있고, 또 **측정**이 무엇인지도 알고 **있으므로** 우리는 시간을 측정하는 것이 무엇인지를 알고 있다는 것이다. 하지만 이것은 사실이 아니다. 만일 내가 길이를 재는 법을 가르쳐주고, "자, 가서 시간을 재봐"라고 말한다면, 이것은 무의미한 말이 될 것이다.

발걸음 수를 세어 지면의 길이를 재는 종족을 가정해보자. 같은 지면에 대해 다른 결과가 나온다고 해도 그들은 아무렇지 않게 여길 것이다. 심지어 발걸음 수에 따라 돈을 지불한다 하더라도 말이다! 당신이 그들에게 줄자를 사용하는 더 좋은 방법이 있다고 말해주어도, 그들은 별 관심이 없을 것이다. 그들은 "귀찮은 도구를 사용하는 데다 항상 같은 결과가 나오다니 참으로 이상한 방법이군! 우리 방식이 훨씬 낫다!"라고 말할지도 모른다.

더 정확한 측정이란 개념은 그들의 삶에 통용되지 않는 것이며, **참된** 길이의 개념 또한 마찬가지다. 만일 우리가 "그들도 **참된** 길이라는 개념을 가져**야만 한다**"라고 말한다면, 이것은 단지 우리가 한 측정 방법이 다른 방법보다 선호되는 더 복잡한 삶을 생각하기 때문이다. 그러나 그것은 그들의 삶이 아니다.

또 다른 강의에서 비트겐슈타인은 우리 몸의 자세와 팔다리의 위치에 대한 우리의 지식에 대해 토론했다.

팔을 자발적으로 움직이기 위해서는 팔이 어느 위치에 있는지를 알아야 하고 내가 팔을 움직였는지 움직이지 않았는지도 알아야 한다. 그런데 손을 쳐다보거나 다른 손으로 만지고 있지 않을 때, 내 손이 어느 위치에 있는지를 어떻게 아는 걸까? 예를 들면 내 손가락이 구부러져 있는 걸 어떻게 아는 걸까? "손가락이 구부러져 있는 걸 나는 느낀다"라고 말하고 싶을 것이다. 이것은 특이한 대답이다. 당신은 손가락이 그렇게 구부러져 있을 때에는 항상 특정한 느낌을 가진다는 말인가? 항상 그 느낌을 알아차린다는 말인가? 그렇다면 그것은 어떤 느낌인가? 내 손가락이 구부러져 있다는 느낌. 그것은 온도나 압력에 대한 느낌처럼 크고 작은 정도의 차이가 있는가? 없다. 이것은 "나는 내 손가락이 구부러져 있다는 걸 느낀다"라는 말은 "나는 내 손가락이 구부러져 있다는 걸 안다"와 같은 뜻임을 보여준다. 만일 우리가 온도나 압력 등에 대한 어떤 느낌들이 내 손가락이 구부러져 있다는 느낌을 구성하는 데 작용하는 것인지를 말하려고 한다면, 우리는 그런 느낌들이 무엇인지 쉽게 알 수 없으며, 게다가 그런 느낌들을 느끼는 경우도 거의 없다는 걸 알게 된다.

어떤 특정한 느낌에 의해 내 손의 위치를 아는 경우가 있을 수는 있다. 또한 내 손이 마비된다면 내가 내 손의 위치를 알지 못하리라는 것도 사실일는지 모른다. 그러나 이것으로부터 내가 특정한 감각에 의해 내 손의 위치를 안다는 결론은 나오지 않는다.

"내 손가락이 구부러져 있다는 걸 나는 어떻게 아는 걸까?"라는 질문은 "내가 어디가 아픈지 어떻게 아는 걸까?"라는 질문과 똑같다. 어디가 아픈지가 보여져야 할 필요는 없다. 손으로 가리키고 말로 설명하는 것이 고통의 **위치를 알아내는** 것이다. 마찬가지로 나는 내 몸의 자세를 알아내야 할 필요는 없다.

또 다른 강의에서 적은 내용은 다음과 같다.

우리가 **실제로 보는** 것이 무엇인지에 대한 철학적 물음이 있다. 우리는 정말로 깊이나 물리적 대상이나 슬픔이나 얼굴 따위를 보는 것일까? 이 모든 것은 '해석' 또는 '가설' 따위에 불과하며, **실제로** 보는 것은 색깔 있는 조각들로 된 평평한 표면이라고 말하고 싶은 유혹이 있다.
하지만 누가 나에게 내가 보고 있는 것을 묘사해달라고 요청한다면, 나는 "나는 황갈색 탁자의 윗면을 본다. 탁자 위에는 잉크병이 우측 귀퉁이에 놓여 있다" 식으로 물리적인 대상들을 가지고 표현한다. 오직 색깔로 된 평평한 조각들만을 언급하는 방식으로는 그것을 기술하지 못할 것이다.
내가 보고 있는 것을 묘사할 수는 없을지라도 최소한 그림으로 그릴 수는 있다고 생각할 수도 있다. 그러나 실제로는 내가 그리는 물리적 **대상들**이 무엇인지를 알지 못한다면 나는 전혀 그릴 수가 없다.
그림이 내가 본 것의 올바른 재현인지 아닌지를 판단하는 기준은 내가 그렇다고 **말하는**say 것이다. 그러나 그림에서는 어떤 대상들이 달라졌을지도 모르는데도 나는 여전히 그림이 내가 본 것과 정확히 똑같다고 말해야 할 것이다.
우리는 언제든지 우리가 보는 것에 대한 **이상적인** 모델이나 **이상적인**

묘사라는 관념을 가지고 있다. 그러나 그러한 이상적인 묘사는 존재하지 않는다. 우리가 보는 것을 '묘사' 했다고 부르는 것들에는 수많은 종류가 있다. 그것들은 모두 **개략적인** 것들이다. 그리고 여기서 '개략적'이라는 것은 '근사치'를 의미하는 것이 **아니다**. 우리는 우리가 어떤 주어진 순간에 본 것을 어떤 식으로든 정확하게 묘사할 수 있다는 그릇된 생각을 갖고 있다.

어떤 강의에서 비트겐슈타인은 자신이 철학을 하는 방식에 대한 일반적인 말을 하기도 했다.

내가 여러분에게 제공하는 것은 표현의 사용법에 관한 형태학이다. 나는 여러분이 꿈도 꾸지 못한 종류의 사용법들이 있다는 것을 보여준다. 철학에서 우리는 어떤 개념을 특정한 방식으로 봐야 한다는 **압박**을 느낀다. 내가 하는 작업은 개념을 보는 다른 방식들을 제시하거나 심지어 고안하는 것이다. 나는 여러분이 이전에 생각해보지 못했던 가능성을 제시한다. 여러분은 하나의 가능성만을 생각하거나 혹은 기껏해야 두 가지 가능성만 있다고 생각한다. 그러나 나는 여러분이 다른 가능성들을 생각해보도록 만들었다. 나아가 나는 개념이 그토록 좁은 가능성에 갇혀 있기를 기대하는 건 터무니없는 일이라는 것을 보여주었다. 그리하여 여러분의 정신적인 족쇄는 이제 풀린 셈이다. 여러분은 자유롭게 표현의 사용법이라는 벌판을 둘러볼 수 있으며, 또한 표현의 다른 사용법들도 묘사할 수 있다.

강의에 참석하는 것 외에 나는 1주일에 한 번은 비트겐슈타인을 오후에 따로 만났다. 비트겐슈타인은 자기 책을 함께 읽자고 제안했다. 그는 내게 타이프로 친 사본을 빌려주었는데, 비트겐슈타인 사후에《철학적 탐구》의 1부로 출판된 그 원고였다. 우리는 매주 다음과 같은 순서로 모임을 진행했다. 우리 모두 타이프로 친 원고를 읽을 수 있게 그의 거실에 캔버스로 만든 간이의자 둘을 바싹 붙이고 앉았다. 원고의 첫 부분부터 비트겐슈타인이 먼저 한 문장을 독일어로 소리 내어 읽었다. 그다음 그걸 영어로 번역한 후 그 의미에 대해 내게 설명했다. 그러고는 다음 문장으로 넘어가서 같은 방식으로 계속 진행되었다. 그다음에 만나면 그는 지난번에 끝냈던 부분에서 다시 시작했다. 비트겐슈타인은 언젠가 "내가 이렇게 하는 이유는 이게 출판되었을 때 내 책을 이해할 사람이 최소한 한 명은 있어야 하기 때문이네"라고 말했다. 처음에 나는 이런 대접에 기분이 우쭐해졌지만 얼마 지나지 않아 이 방법이 너무 답답하게 느껴지기 시작했다. 나는 당시 나를 골치 아프게 만들던 여러 가지 철학적인 문제들에서 시작하는 토론을 하고 싶었다. 그런데 실제로 비트겐슈타인이 처음의 진행 방식을 점차 완화했기 때문에, 우리의 토론은 보다 자유로워졌다.

한번은 우리가 함께 있을 때 비트겐슈타인이 철학에 대한 놀라운 통찰을 말했다. "철학적인 혼란에 빠져 있는 사람은 방에서 나가고는 싶은데 어떻게 나가야 하는지를 모르는 사람과 같지. 창문으로 나가보려 하지만 그건 너무 높고, 굴뚝으로 나가려니 그건 너무 좁아. 단지 주위를 둘러보기만 한다면 문은 항상 열려 있다는 걸 알 텐데 말이야!" 이 논평은《탐구》의 §108, §123, §309와 관련된 언급이다. 비트겐슈타인은 한 강의에서 철학에 대한 자신의 생각(예를 들어 "문제들은 새로운 정보를 제공함으로써가 아니라 우리가 항상 알고 있었던 것을 정리해놓음으로써 풀리는 것이다",《탐구》, §109; "철학자가 하는 일은 어떤 특별한 목적을 위해 기억을 수집하는 것이다", 같은 책, §127)과 지식은 상기라는 소크라테스의 견해 사이에 유사성이 있다는 의견을 말한 적이 있다. 비록 소크라테스의 교리에는 다른 전제들이 개입되어 있다고 믿었지만 말이다.

약 두 시간 정도 읽거나 토론을 한 뒤 우리는 산책을 하고는 라이온스에서 혹은 리걸 극장 위층에 있는 식당에서 차를 마시곤 했다. 가끔은 설 스트리트에 있는 우리 집으로 저녁을 먹으러 가기도 했다. 한번은 저녁 식사 후 비트겐슈타인과 나와 아내 셋이서 미드서머 커먼으로 산책하러 갔다. 우리는 태양계의 천체들의 운동에 관해 이야기를 했다. 그때 비트겐슈타인에게 우리 셋이서 태양, 지구, 달의 상대 운동을 재현해보자는 생각이 떠올랐다. 아내가 태양이 되어 풀밭을 일정한 속도로 가로질러 걸었다. 나는 지구가 되어 아내 주위를 빠른 걸음으로 돌았다. 비트겐슈타인은 가장 힘든 달 역할을 맡아서, 내가 아내 주위를 빙빙 도는 동안 내 주위를 뛰어다녔다. 그는 진지하고 열광적으로 이 놀이에 몰입해서 우리에게 큰 소리로 뭔가를 지시하기도 했다. 나중에 그는 너무 지쳐서 숨이 차고 현기증을 느낄 정도가 되었다.

비트겐슈타인은 미드서머 커먼에서 열리는 축제 마당을 좋아했다. 동전을 넣고 경품을 뽑는 게임을 재미있어했는데, 그는 동전이 떨어지는 방향에 영향을 주려 하지 않았고, 심지어는 동전을 넣기 전에 눈을 감기도 했다. '모든 것을 운에 맡겨야 하기' 때문이었다. 아내가 동전의 방향에 손대려고 할 때는 다소 못마땅한 기색을 보였다. 나에게는 공을 던져 경품을 맞혀보라고 재촉했는데 내가 공 던지기를 하는 동안 무척 신이 난 표정이었다. 나중에는 별로 뛰어나지도 못한 나의 솜씨를 과도하게 칭찬했다.

언젠가 함께 이야기를 나누다가 비트겐슈타인은 내가 톨스토이의 《스물 세 편의 이야기》를 읽었다는 걸 알고는 기뻐했다. 그는 그 이야기들을 아주 높이 평가하고 있었다. 그는 내가 〈사람에겐 얼마만큼의 땅이 필요한가?〉라는 제목의 소설에 담긴 우의(寓意)를 이해했는지를 확인하려고 내게 치밀하게 질문을 해댔다. 비트겐슈타인은 처음에는 내가 내용을 잊어버렸다는 사실에 기분이 나빠서 딱딱하게 굴었다. 하지만 내가 톨스토이의 소설을 읽고 이해했으며 높이 평가하고 있다는 걸 확인하고는 다시 친근하고 부드러워졌다. 비트겐슈타인은 또한 도스토옙스키의 작품도 높이 평가했고 《카라마조프 가의 형제들》을 여러 번 읽었다. 그러나 언젠가 《죽음의 집의 기록》이 도스토옙스키의 가장 위대한 걸작이라고 말하기도 했다.

비트겐슈타인은 그해 학기 중에 1주일에 한 번씩 '집 모임'을 갖자는 요청을 받아들였다. 시간은 토요일 오후 5시부터 7시 사이였다. 참석자들 사이에서 나오는 질문을 놓고 철학적인 토론이 벌어졌다. 이 모임은 늦게 와도 눈총받지 않고 계속 참석해야 한다는 조건도 없었다는 점에서 강의보다는 덜 형식적인 것이었지만, 그럼에도 불구하고 모임의 분위기는 엄숙함에 가까울 만큼 진지했다. 보통 여섯 명 정도가 참석했다. 한 사람 한 사람씩 도착해서 보면 비트겐슈타인은 아무에게도 인사하지도 않고 심각한 사유 속에 침잠해 있는 엄격한 얼굴로 캔버스 의자에 아무 말 없이 앉아 있었다. 어느 누구도 감히 한가한 소리로 그 침묵을 깨려 들지 않았다. 우리는 마치 생각 속으로 빨려들듯 조용히 앉았다. 피터 기치는 언젠가 그런 모습이 퀘이커 교도들의 기도회 같다고 말했다. 주제를 꺼내 이 침묵을 깨뜨리는 것은 꽤 신경 쓰이는 일이었다. 그러나 누군가가 주제를 꺼내면 비트겐슈타인은 바로 주의를 최대한 기울여 질문의 의미를 파악하고, 그것을 확장하거나 재구성함으로써 처음에는 서로 무관한 것처럼 보였던 다른 질문들과 연결시켰다. 그의 강렬한 열정과 힘은 언제나 질문들에 극적인 흥미를 불러일으켰다. 집 모임에서는 미학에 관한 주제가 가장 빈번하게 다루어졌는데, 예술에 대한 비트겐슈타인의 사유는 놀라울 만큼 깊이 있고 풍부한 것이었다.

언젠가 한 모임에서 비트겐슈타인이 철학의 본성을 다소나마 밝혀줄 목적으로 수수께끼 하나를 냈다. '지구 적도를 끈으로 팽팽하게 감고 있다고 가정하자. 그리고 이 줄에 1야드 길이의 끈을 연결했다고 가정하자. 끈을 팽팽하게 하고 원의 형태를 유지하게 한다면, 그 끈은 지구 표면으로부터 어느 정도 높이에 있게 되겠는가?' 모임에 참석한 사람들은 모두 이 문제를 깊이 생각해보지도 않고서 줄이 지표면으로부터 떨어진 거리는 너무나 **미미해서** 감지할 수 없을 정도일 거라는 쪽으로 기울었다. 그러나 이것은 잘못된 대답이었다. 실제로 그 거리는 6인치에 이른다고 한다. 비트겐슈타인은 철학에서 발생하는 실수가 바로 이런 **유형**이라고 단언했다. 실수는 **그림에 의해 오도되는** 데에서 생겨난다. 이 수수께끼에서 우리를 혼동에 빠뜨린 그림은 추가된 끈의 길이를 전체 끈의 길이와 비교한 그림이다. 그러한 그림 자체는 아주 정확하다. 1야드 길이의 끈은 전체 끈 길이에 비하면 하찮은 부분이기 때문이다. 그러나 우리는 그림에 의해 오도되어 잘못된 결론을 끌어내게 된다. 비슷한 일이 철학에서도 일어난다. 우리는 항상 그 자체로는 올바른 심리적 그림에 기만당하고 있다. 우리를 오도하는 그림의 또 다른 놀라운 사례로 비트겐슈타인이 제시한 것은 지구를 공처럼 그려서 우리 자신은 똑바로 서 있게 하고 반대편 사람들은 거꾸로 서 있는 것처럼 보이도록 한 그림이었다. 그는 그 그림이 잘못 그린 것은 아니라고 말했다. 하지만 그 그림은 우리로 하여금 지구 반대편에 사는 사람들은 우리 **아래에** 있으며 정말로 거꾸로 서 있다고 생각하도록 현혹한다는 것이다(이 사례는 《탐구》, §351에서 논의된다).

비트겐슈타인은 그해에 무척 많은 시간을 학생들에게 할애했다. 1주일에 한 번씩 하는 두 시간짜리 강의가 두 개 있었고, 매주 그의 집에서 두 시간짜리 모임이 있었으며, 하루 오후는 전부 나와 함께 보냈고, 또 하루 오후는 엘리자베스 앤스콤 Elisabeth Anscombe 과 히자브 W. A. Hijab와 보냈다. 그리고 매주 한 번씩 저녁에 모이는 도덕과학클럽에도 대체로 빠지지 않고 참석했다. 비트겐슈타인은 클럽의 토론 분위기를 매우 못마땅해했다. 토론을 가능한 한 나쁘지 않은 수준으로 유지해야 한다는 의무감 때문에 참석했을 뿐이다. 논문이 발표되면 언제나 변함없이 비트겐슈타인이 첫 번째로 발언했고, 그가 참석하고 있는 동안 토론은 완전히 그가 지배했다. 비트겐슈타인은 자신이 언제까지 거기서 그런 두드러진 역할을 해야 하는 것은 클럽에도 좋지 않은 일이라고 믿고 있었고 내게도 그런 말을 한 적이 있다. 그러나 다른 한편으로 그 특유의 힘을 지니고서 토론에 개입하지 않는다는 것은 비트겐슈타인에게는 거의 불가능한 일이었다. 비트겐슈타인은 한 시간 반 또는 두 시간쯤 지나 모임이 끝날 무렵에 자리를 뜨는 것으로 그 문제를 해결해보려 했지만, 결과는 좋지 않았다. 비트겐슈타인이 있던 동안에는 흥미롭고 중요했던 토론이 그가 떠난 후에는 하찮고 평범해져버렸다

이러한 모든 모임(강의, 집 모임, 개인적 토론, 클럽 모임)에서 비트겐슈타인은 아낌없이 그의 생각들을 풀어놨다. 그는 결코 자신이 연구하고 있는 것을 비밀에 붙여두지 않았다. 게다가 그는 이 모임 하나하나에서 뭔가를 **창조하려고** 노력했다. 비트겐슈타인이 발휘했던 의지력과 정신력은 무시무시한 것이었다. 그가 어떤 문제를 붙들고 씨름하는 동안 사람들은 종종 진정한 고뇌의 현장에 와 있다는 것을 느낄 수 있었다. 비트겐슈타인은 철학적 사유와 수영 사이에서 유사한 점을 찾아내길 좋아했다. 인간의 몸이 표면 위로 뜨려는 자연적인 경향이 있어 물 밑**바닥**에 닿으려면 **진력**을 다해야 하듯이, 사유하는 것도 꼭 마찬가지라는 것이다. 한번은 비트겐슈타인이 인간의 위대함에 대해 이야기하다가 인간의 위대함은 어떤 사람이 하는 일이 그 사람에게 요구하는 **희생**의 크기로 측정할 수 있다는 말을 했다. 그리고 비트겐슈타인의 철학적 노동이 그에게 엄청난 희생을 요구한다는 건 의심의 여지가 없는 사실이다.

비트겐슈타인은 같이 토론하고 있는 사람의 생각을 꿰뚫어보는 비상한 재주가 있었다. 상대방이 자기 생각을 말로 표현하려고 애쓰는 동안 비트겐슈타인이 그게 무엇인지를 간파해 대신 말해주곤 했다. 때로 으시시하게까지 느껴지는 그의 이런 능력은 오래도록 계속해온 그 자신의 탐구 때문에 가능했을 거라고 나는 확신한다. 그 **스스로도** 수없이 여러 번 실타래처럼 엉킨 추론의 미로를 지나

다녔기 때문에 다른 사람이 무슨 생각을 하는지를 알 수 있었던 것이다. 그는 언젠가 내게 강의에 참석하는 누구도 자신이 이전에 생각해보지 않았던 것을 생각해내는 일은 없을 것 같다고 말했는데, 이는 결코 허풍이 아니었다.

그해의 과도한 일정 때문에 비트겐슈타인은 심한 스트레스를 받고 있었다. 그럼에도 또 다른 요청들을 받아들여야 할지를 고민하기도 했다. 한번은 어떤 사람이 비트겐슈타인과 공부하기 위해서 상당한 희생을 무릅쓰고 지구의 절반을 돌아서 왔다. 그는 강의 외에 비트겐슈타인과 개인적인 토론을 하고 싶어 했는데 비트겐슈타인은 이 요청 때문에 고민했다. 그는 그 요청을 받아들여야 한다는 일종의 의무감을 느꼈지만, 다른 한편으로는 기력을 보존해야 한다고 믿었다. 결국 그는 그 요청을 거절했던 것 같다. 그러나 비트겐슈타인은 그러한 문제를 검토할 때 항상 자신의 의무가 무엇인지에 비추어 판단했다.

케임브리지 교외에 독일군 전쟁 포로들을 가두어놓은 수용소가 있었다. 비트겐슈타인은 1차 대전 때 포로로 지낸 적이 있기 때문에, 이들의 생활이 좀 더 견딜 만한 것이 되도록 돕고 싶어 했다. 비트겐슈타인은 수용소를 방문할 때 나를 데려갔다. 그는 포로 대표를 만나 협의할 수 있도록 허가를 얻었고, 나중에 포로들에게 몇 가지 악기와 음악을 제공해주었던 걸로 기억한다.

그해 겨울 비트겐슈타인을 몹시 자극하고 화나게 만든 사건이 있었다. 어떤 철학자가 문학비평지에 당시 영국철학을 대중적으로 해설할 목적으로 발표한 논문 때문이었다. 그 논문의 저자는 비트겐슈타인에 대해《논고》이후 그의 철학 연구의 내용은 알려져 있지 않지만, 수제자가 쓴 글들로 판단할 때 철학은 비트겐슈타인의 손에서 일종의 정신분석학이 되었다고 평했다. 누군가 이 글을 비트겐슈타인에게 보여주었는데 그는 이 논문에 극도로 분노하며, 지지기 단지 자기의 연구에 대해 일부러 모르는 척하고 있을 뿐이라고 말했다. 비트겐슈타인이 그토록 격노한 것은 저자가 부정직하다는 믿음 때문만이 아니라 자신이 연구 내용을 숨기고 있다는 암시 때문이기도 했다. 그는 언제나 자신의 강의를 일종의 출판으로 간주했다고 말했다(그가 학생들에게 구술했던 《청색 책》과 《갈색 책》으로 알려진 두 권의 책이 등사 혹은 타이프본의 형태로 10년 이상이나 비공식적으로 회람되고 있었고 영국 철학자들 사이에서 널리 읽혀왔다는 사실을 여기서 밝혀두어야겠다). 그를 화나게 만들었던 또 다른 하나는 그가 철학을 정신분석학의 한 형태로 본다는 암시였다고 본다. 나는 비트겐슈타인이 그것을 명시적으로 공격하는 것을 두 번이나 들은 적이 있다. "그 둘은 서로 다른 테크닉이야"라고 그는 말했다.

　이 논문은 비트겐슈타인을 며칠 동안이나 심각한 상태로 몰아넣었다. 비트겐슈타인은 내게 그에 대한 반론을 발표해줄 용의가 있는지 물었다. 나는 도대체 어떤 방식으로 써야 할지조차 모르겠다고 대답했다. 비트겐슈타인은 그 대답을 좋아하지 않았다. 그는 만일 누군가 **무어**의 철학 연구에 대해 잘못되고 부당한 비판을 한다면 내가 무어를 옹호하는 글을 발표할 건지 알고 싶어 했다. 나는 그럴 것이라고 말하지 않으면 안 될 지경에 빠졌다. 그러자 비트겐슈타인은 이 말이 자기가 항상 의심해왔던 것을 확실히 입증했다고 소리쳤다. 친구들이 **자신**을 '왕따Vogelfrei'로, 다시 말해 사회에서 추방되어 아무나 쏴 죽일 권리가 있는 새처럼 여기고 있다는 의심을 확인한 셈이라는 것이었다. 비트겐슈타인은 앤스콤과 스마이시스에게도 반론의 글을 발표해줄 수 있는지를 물었지만 아무런 확답을 얻지 못했던 것으로 기억한다. 앤스콤에게도 그는 '왕따'라는 표현을 썼다. 비트겐슈타인은 2~3일 동안 그 문제 때문에 정말 광적인 상태에 빠져 있었다. 그는 심지어 자신이 그 잡지에다 반박글을 기고할까도 검토해봤다. 또한 타이프로 된 자신의 원고(《탐구》의 1부)를 케임브리지 대학교 출판사로 가져가서 즉시 출판해달라고 요청하는 것은 어떨지 진지하게 생각하기도 했다. 며칠이 지나자 비트겐슈타인은 안정을 되찾았다. 그는 쓸데없이 '놀라서' 완성되지도 않은 책을 출간하지는 않겠다고 말했다. 그는 논문 저자에게 개인적으로 글을 써서 보냈다. 거기에서 그는 그 사람이 자기의 철학 연구의 내용에 대해 논문에서 쓴 것보다는 더 많이 알고 있다고 믿는다고 말했다. 비트겐슈타인은 정중하고 공손한 답장을 받았고, 그로써 사건은 종결되었다.

비트겐슈타인은 자신이 써놓은 원고들이 화재로 소실될지 모른다는 두려움을 여러 번 이야기했다. 그는 위대한 역사가인 몸젠T. Mommsen이 《로마사 History of Rome》 필사본을 어떻게 화재로 잃어버렸는지를 두려운 어조로 말했다. 비트겐슈타인은 가벼운 철제 금고를 하나 사서 트리니티의 거실에 두고 그 안에 자신의 노트 및 원고를 보관했다. 그는 자기 생전에 그 가운데 어떤 것도 출판되리라고는 생각하지 않지만, 사후에는 자기 책(《탐구》의 1부)이 출판되기를 간절히 원한다는 말을 여러 번 했다. 다른 한편으로, 한번은 자기 학생과 제자 들의 출판물도 함께 사라진다면 자신의 원고들 모두가 파괴되는 것을 기쁘게 지켜보겠다고 격렬한 어조로 내게 토로하기도 했다. 때로 비트겐슈타인은 자기 책이 사후에 마침내 출판되었을 때 그 사상이 자기가 가르쳤던 철학자들로부터 나온 것이라고 학계에 받아들여질지도 모른다는 두려움에 사로잡혔다. 왜냐하면 이미 출판되어 있는 그들의 저서들과 나중에 출판된 자신의 저서 사이에 어떤 유사성이 있을 수도 있기 때문이었다. 그는 자기 사후에 발생할지도 모를 그러한 주장이나 소문에 대해 내가 그를 방어해줄 것인지를 아주 솔직하게 물었고, 나는 그러겠다고 말했다. 이 문제에 대한 그의 불안은 《탐구》의 서문에 반영되어 있다. "한 가지 이상의 이유로 내가 여기 펴내는 것은 오늘날 다른 사람들이 쓰고 있는 것과 공통점들을 가질 것이다. 만일 나의 단평들에 그것이 내 것이라고 특정지을 어떠한 도장도 찍혀 있지 않다면, 나는 그것들이 더 이상 나의 소유라고 주장하고 싶지 않다."

비트겐슈타인은 표절에 매우 강한 거부감을 느꼈다. 비트겐슈타인과 어떤 사람에 대해 소문이 떠돌고 있었는데 그에 대해 비트겐슈타인이 설명해준 적이 있다. 비트겐슈타인에 따르면 그 사람과 슐리크, 그리고 비트겐슈타인 셋이서 철학 토론을 하러 만났었는데, 둘이 필기를 하는 동안 비트겐슈타인은 자기의 생각을 몇 가지 말했다고 한다. 얼마 후에 비트겐슈타인은 이미 출판이 결정된 그 사람의 논문을 보게 되었는데, 그 논문은 자신의 생각을 기초로 한 것일 뿐만 아니라 예시까지도 자기 것들을 도용하고 있었다고 한다. 그 논문에는 비트겐슈타인에 대한 감사의 글도 있었지만, 비트겐슈타인과의 대화에서 어느 정도 자극을 얻긴 했으나 논문의 핵심 부분은 자신의 것이라는 식으로 쓰여 있었다. 비트겐슈타인은 매우 격분해 슐리크에게 따졌고, '꽤 괜찮은 사람'이었던 슐리크는 무슨 조처를 취하겠다고 약속했다고 한다. 그런데 얼마 지나지 않아 슐리크가 급작스레 살해당하는 바람에 그 논문은 아이디어를 빚진 것에 대한 적절한 감사의 말도 없이 출판되고 말았다.

비트겐슈타인은 자기의 사상을 다른 사람이 제대로 이해하지 못하고 관련 글을 쓰는 경우에도 표절당했을 때만큼이나 화를 냈다. 자기 강의를 들었던 한 젊은 숙녀와 관련된 사건을 내게 이야기해주었다. 그녀는 어떤 주제에 대한 비트겐슈타인의 견해를 소개하는 논문을 한 편 써서 《마인드》의 편집자였던 무어에게 제출하고 비트겐슈타인에게도 보여주었다. 비트겐슈타인은 그 논문을 아주 형편없다고 생각해서 그녀에게 출판할 수 없다고 말했다. 그런데도 계속 출판하겠다고 고집하자 직접 무어를 찾아가 출판하지 말도록 설득했다. 그는 무어에게 "당신도 내 강의를 들었잖아요. 그녀의 설명에 문제가 있다는 걸 당신도 알고 있을 텐데요!" 하고 말했다. 비트겐슈타인에 따르면, 무어는 "좋은 글은 아니"라는 점은 인정했지만 출판하지 말라는 말에는 설득되지 않았다고 한다. 비트겐슈타인이 이 사건 때문에 몹시 흥분하고 애를 태웠을 것이 분명하다. 아마도 이것이 《탐구》의 서문에서 그가 언급하고 있는 것들 중 하나일 것이다. "나는 (내가 강의, 타자본, 그리고 토론을 통해 전달했던) 내용들이 다양하게 오해되고 있으며, 다소 왜곡되거나 약해진 형태로 유포되었다는 것을 알게 되었다. 이것은 나의 허영심을 자극했고, 그것을 가라앉히기가 어려웠다."

비트겐슈타인은 명성을 신경 쓰지 않는 성격이었다고는 할 수 없고, 방금 이야기한 일화에서처럼 명성에 예민하게 반응하기도 했다. 그러나 다른 한편으로 비트겐슈타인이 자신을 명사나 공인으로 만들려는 모든 시도들을 의식적으로 거부하면서 세상에서 은둔한 채로 살았다는 점을 기억할 필요가 있다. 만일 그렇게 노력하지 않았다면 그는 틀림없이 명사나 공인이 되었을 것이다.

비트겐슈타인이 자기 책의 가치에 대해 스스로 어떻게 생각했는지는 설명하기가 어렵다. 《탐구》 서문에서 그는 "훌륭한 책이 아니다"라고 말하고 있는데, 이것은 형식적인 겸손의 말이 아니었다. 그는 자신은 그렇게 하지 못하겠지만, 책이 더 잘 쓰여질 수 있다고 믿은 게 분명하다. 그는 1949년 여름에 병이 났을 때 치료해 준 루이즈 무니Louise Mooney 박사에게 자기 책에 관해서 조금 이야기했는데 "어쩌면 그건 전부 잘못된 것일지도 모릅니다. 다 틀린 얘기일지도 몰라요"라고 외쳤다고 한다. 그러나 이것이 전형적인 태도였던 것은 아니다. 그는 자신감을 갖고 전력을 기울여 자신의 사상을 논증을 통해 상술하고 방어했다. 그는 자기 철학의 핵심 개념이 **어쩌면** 오류일 수도 있다고는 생각하지 않았다. 그는 대체로 자신이 철학에서 중대한 진전을 이루었다고 확신했다. 그러나 이 진전의 중요성이 그것과 지나치게 밀접히 연관된 사람들에 의해 과장된 것일지 모른다고 느끼는 경향이 있었다. 이런 느낌은 그가 《탐구》의 제구(題句)로 네스트로이J.N. Nestroy의 다음과 같은 말을 선택한 데서 엿볼 수 있을 것이다. "무릇 모든 진보는 실제보다 훨씬 더 위대해 보이기 마련이다 Überhaupt hat der Fortschritt das an sich, dass er viel grösser ausschaut, als er wirklich ist."

자기 책의 미래가 어떻게 될 것인지, 흔적도 없이 사라져버릴 것인지 아니면 살아남아 인류에게 어떤 도움이 될 것인지 비트겐슈타인은 의구심을 품고 있었다. 프로이트는 한 편지에서 이런 말을 한 적이 있다. "내 책의 가치와 그것이 미래의 과학 발전에 어떤 영향을 끼칠 것인지 하는 문제에 대해 스스로 판단을 내리기가 무척 힘이 든다. 어떤 때는 내 책의 가치를 믿기도 하지만, 어떤 때는 의심하기도 한다. 그걸 미리 알 수 있는 방법이 있다고는 생각지 않는다. 어쩌면 하나님 자신도 아직 모르고 있을지 모른다."[2] 나는 이 말이 자신의 저서에 대한 비트겐슈타인의 태도를 무척 잘 드러낸다고 생각한다. 비트겐슈타인이 프로이트보다 비관주의적 성향이 더 강하다는 점만 제외하면 말이다. 나는 비트겐슈타인이 한 번이라도 자신의 책을 위대하다고 생각한 적이 있었다고는 믿지 않는다.

'왕따' 사건이 보여주듯이 비트겐슈타인은 때로 친구들을 의심했다. 친구들이 애정 때문에 자기 곁에 있는 게 아니라 철학적인 영감을 얻으려는 속셈일지도 모른다고 생각했다. 젊을 때 재산을 다 남에게 넘겨주었기 때문에 돈을 보고 다가오는 친구는 하나도 없겠지만, 지금은 친구들이 자기에게서 얻어낼 수 있는 철학 때문에 다가오는 것이 아닌지 두렵다고 말한 적이 있었다. 그는 자신에게서 **아무것도 얻어내려** 하지 않는 친구를 원했다. 또 한번은 "나는 애정을 줄 수는 없지만, 애정을 몹시 **필요로 하네**"라고 말하기도 했다. 인간적인 친절함과 따스한 배려가 그에게는 지적인 능력이나 세련된 취미보다 훨씬 더 중요한 속성이었다. 그는 웨일스에서 목사 집에서 하숙하던 때 있었던 일을 즐거운 어조로 말했다. 비트겐슈타인이 이 집에 처음 갔을 때 그 집의 부인은 비트겐슈타인에게 차를 좀 들겠는지, 그리고 이런저런 것들을 좋아하는지 등을 물었다. 그러자 그녀의 남편이 다른 방에서 그녀를 불러서 "묻지 말고, 그냥 **대접을 해요!**"라고 했다. 비트겐슈타인은 이 호통에 무척 좋은 인상을 받았다. 눈에 띄게 관대하거나 친절하거나 혹은 정직한 사람을 칭할 때 비트겐슈타인이 쓰는 특징적인 말은 "그 사람은 **인간**이야!"였다. 대부분의 사람은 인간조차 못 된다는 뜻이다.

　의심할 여지 없이 비트겐슈타인은 인간적인 따뜻함과 애정을 몹시 필요로 했다. 그는 단순한 친절에도 엄청나게 고마워했다. 하지만 비트겐슈타인과 친구 관계를 맺는 것은 꽤나 힘겹고 까다로운 일이었다. 매우 가혹하게 친구를 비난할 수 있는 사람이었고, 동기와 성격을 의심하는 경향이 있었다. 때때로 그의 판단은 성급하고 잘못된 것이었다. 하지만 친구들에 대한 그의 평가는 대체로 날카롭고 사실적이었다. 스마이시스가 말했듯이 비트겐슈타인이 누군가를 비난할 때는 대개 그럴 만한 까닭이 있었다. 그는 특히 모든 형태의 허영이나 가식 또는 자기도취에 대해서는 인정사정이 없었다.

　그러나 비트겐슈타인은 앞에서 말한 몇몇 사건들에서 보았듯 친구에게 지나치게 가혹했다고 볼 수 있다. 재미있는 또 다른 예가 있다. 비트겐슈타인은 트리니티의 방에서 작은 화분에 담긴 화초를 키웠는데, 방학 때 케임브리지를 떠나 웨일스로 가면서 이 화초를 우리 집에 맡겼다. 그런데 유감스럽게도 우리의 주의가 소홀하여 그 화초를 전기 히터 옆에 너무 가까이 두었던 것 같다. 화초가 병든 기색을 보이기 시작하더니 잎새와 봉오리 들이 하나둘씩 떨어져버렸던 것이다. 비트겐슈타인이 케임브리지로 돌아왔을 때, 나는 화초를 그의 방에다 다시 갖다 놓았다. 비록 그때쯤에는 완전히 죽어 있었지만 말이다. 며칠 후 내 아내는 길에서 우연히 비트겐슈타인을 만났다. 6주일 전에 그가 웨일스로 떠난 이후 처음 만나는 것이었는데 인사도 없이 다짜고짜 "이번에 보니 당신은 화초에 대해선 전혀 무지하더군요"라고 말하고는 두말없이 가버렸다고 한다. 아내는 당황해서 어찌할 바를 몰랐다. 그 이후 그가 우리 집에 왔을 때는 더 이상 화초 이야기는 하지 않았다.

비트겐슈타인과 함께 있는 것은 항상 긴장해야 하는 일이었다. 대화할 때 엄청난 지적 에너지가 요구되는 것뿐만 아니라 그의 엄격함과 무자비한 재단, 까탈스럽게 트집 잡는 경향, 그리고 우울증 때문이었다. 1946~1947년 겨울에 그와 함께 몇 시간을 지내고 나면 늘 신경이 곤두서고 정신이 탈진하곤 했다. 그럴 때면 나는 며칠 동안은 비트겐슈타인을 다시 만나는 일을 견뎌낼 수 없을 것 같다고 느꼈다.

그해 겨울 비트겐슈타인은 계속 교수직을 맡을 것인지에 대해 여러 차례 회의를 보였다. **직업적인** 철학자로 산다는 생각이 그에게는 무척 혐오스러웠던 것이 틀림없다. 대학과 학자적 삶을 지독히 싫어했고 강의와 토론의 힘든 일정으로 기진맥진해 있었다. 그러나 더 중요한 문제는 그가 선생으로서 자신이 끼치는 영향이 대체로 해로운 것이라고 믿었다는 사실이다. 비트겐슈타인은 자신의 철학 사상이 절반도 이해되지 못한다는 사실과 학생들 사이에서 나타나는 얄팍한 헛똑똑이 현상을 보고는 혐오와 번민에 싸이게 되었다. 그는 자신이 선생으로서 실패했다고 느꼈다. 내가 볼 때 이 생각이 비트겐슈타인에게 끊임없는 고통을 불러일으켰을 것이다. 강의 도중에 그는 때때로 매우 고통스러운 어조로 "난 정말 형편없는 선생이야!"라고 탄식하곤 했다. 또 언젠가 1년 동안의 강의를 이렇게 결론짓기도 했다. "아마도 내가 뿌리는 유일한 씨앗이란 약간의 허튼소리뿐일 것이네."

나는 다른 것들은 제외하고라도, 그의 철학 가운데 실제로 잘못 받아들여져서 그 영향을 받은 사람들에게 불행한 영향을 끼치고 있는 내용이 있다고 생각한다. 단어들은 '고정된' 의미로 사용되지 않는다는 생각(《탐구》, §79), 개념들은 '명확한 경계'를 가지고 있지 않다는 사상(같은 책, §68, §76) 말이다. 이 가르침은 그의 제자들 사이에 정확성과 철저함이 사고하는 데 필수적인 것이 아니라는 생각을 불러오는 경향이 있었다. 이런 경향으로부터는 엉성한 철학 연구만 나오게 될 뿐이었다.

비트겐슈타인의 마음은 점점 더 교수직을 그만두고 싶다는 쪽으로 기울었다. 이 점은 나도 알고 있는 어떤 철학자와 관련된 사건에서 특히 분명하게 드러났다. 그 사람은 1946~1947년 겨울에 내게 편지를 보내 내년에는 케임브리지에서 보내고 싶은데 비트겐슈타인의 강의에 참석할 수 있는 허락을 받을 수 있는지를 물었다. 비트겐슈타인에게 전하니, 내 기억으로는 비트겐슈타인이 참석해도 된다는 편지를 직접 써서 보냈다. 그러나 비트겐슈타인은 나에게도 그 사람에게 편지를 써서, 다음 학년도 이전에 자기가 교수직을 물러날 수도 있다는 걸 주지시켜달라고 했다. 소문이 나지 않도록 자신이 아니라 내가 이러한 주의를 전달해주길 바랐던 것이다. 나는 그가 원하는 대로 해주었다. 그러고는 1947년 여름, 비트겐슈타인은 사직서를 제출하러 부총장을 찾아갔는데 한 학기 동안 유급휴가를 얻을 수 있다는 말을 듣고는 1947년 미가엘 학기에 휴가를 떠나라는 권고를 받아들였다. 그리하여 사직 문제는 뒤로 미루어졌다. 그러자 비트겐슈타인은 자신의 계획이 변경되었으며, 사직할 가능성은 여전히 남아 있지만 그때까지의 사정으로는 렌트 학기에 강의하게 될 것임을 그 사람에게 전해달라고 내게 부탁했다. 나는 그렇게 전해주었다. 그런데 비트겐슈타인이 그해 가을 교수직을 그만두었을 때 그 사람은 몹시 격분하여 (뒤에 보겠지만) 터무니없이 부당한 비난을 비트겐슈타인에게 퍼부어댔다. 마치 비트겐슈타인이 자기를 일부러 속였다는 것처럼, 혹은 마치 자기가 강의에 참석할 예정이니까 비트겐슈타인이 마땅히 교수직에 그대로 남아 있어야 할 의무가 있기라도 한 것처럼 말이다. 사실은 비트겐슈타인이 예외적인 배려를 해주었는데도 말이다.

비트겐슈타인은 그를 잘 모르는 사람들에게는 신비스럽고 괴팍한 인물로 여겨졌다. 그는 적대감의 대상이 되었을 뿐만 아니라 근거 없는 소문들의 대상이기도 했다. 케임브리지의 한 학부생이 진지한 표정으로 다른 학생에게 비트겐슈타인이 마루에 누워 천정을 보며 강의한다고 말하는 걸 들은 적도 있다. 그가 미국에서 우리 집에 머물고 있을 때는 비트겐슈타인이 헛간에서 지내고 있으며 그에게 접근할 수 있는 사람은 오직 나뿐이라는 소문이 돌기도 했다. 그리고 나중에 그가 아일랜드 해변의 한 오두막에서 살고 있을 때에, 그가 터키에서 염소 떼를 몰고 다니고 있다는 심상치 않은 소문을 들은 일도 있다.

휴얼관에 있는 비트겐슈타인의 방에서 한 층인가 두 층 아래에 살던 학부생 하나는 종종 피아노를 쳤는데, 그 소리가 그의 방까지 들려서 비트겐슈타인을 미칠 지경으로 만들었다. 특히 귀에 익은 음악이 들려올 때 더욱 그랬다. 피아노 소리를 들으며 사고한다는 것은 그로서는 불가능했다. 비트겐슈타인은 이 문제를 독특한 방법으로 해결했다. 피아노 소리를 상쇄하기에 충분한 성량의 단조로운 소음을 내는 커다란 중고 선풍기를 하나 구했던 것이다. 이 선풍기가 돌아가고 있을 때 몇 번인가 토론을 하러 그의 방에 간 적이 있었는데, 웅웅거리는 소리 때문에 주의를 집중할 수 없었다. 반면 비트겐슈타인은 아무렇지도 않아 보였다.

수리물리학자인 프리먼 다이슨Freeman Dyson은 당시 학부생이었는데 비트겐슈타인의 방과 가까운 방에서 지냈다. 한번은 비트겐슈타인이 차 대접을 하겠다고 그를 초대했다. 다이슨이 내게 말한 바로는, 처음에는 다이슨의 공부에 대해 대화하다가 나중에 다이슨이 정중하게 비트겐슈타인의 연구 내용에 대해 물었다고 한다. 비트겐슈타인은 처음에는 경계하는 기색으로 다이슨이 '저널리스트'인지 아닌지를 확인하고 싶어 했다. 그가 저널리스트가 아니란 것을 확신한 후에야 비트겐슈타인은 철학의 본질과 그 안에서 자기 분야의 위치에 대해 말해주었다. 다이슨은 비트겐슈타인에 대한 상당히 흥미로운 일화 하나를 회고했다. 어느 날 축구 시합을 하고 있는 운동장을 지나갈 때, 인간이 언어 안에서 **단어**들을 가지고 **게임**을 하고 있다는 생각이 처음으로 비트겐슈타인에게 떠올랐다고 한다. 비트겐슈타인 철학의 중심 사상인 '언어게임language-game'의 개념은 분명히 이 사건에서 비롯된 것이었다. 다이슨은 또한 비트겐슈타인과의 마지막 만남도 기억했다. 1946~1947년 5월 학기말에 다이슨이 휴얼관 층계참 아래서 짐가방을 꾸리고 있었다. 그때 몇 주 동안 보지 못했던 비트겐슈타인이 레인코트에 트위드 모자를 쓰고 지팡이를 든 채 계단을 내려왔다. 그는 다이슨에게 고개를 끄덕이고 지나쳐 가다가 잠깐 멈춰 서서는 "내 정신은 점점 더 멍청해지고 있다네!"라고 말했다. 그러고는 두말없이 돌아서 가 버렸다고 한다.

논리실증주의의 유명한 '검증원리'("한 문장의 의미는 그것의 검증 방법이다")와 비트겐슈타인 사이의 관계는 흔히 호기심을 부르는 주제였다. 비트겐슈타인이 이 문제의 실마리가 될 만한 일화 하나를 말해주었다. 철학자이자 심리학자인 스타우트G.F. Stout가 케임브리지에 잠시 들렀을 때 비트겐슈타인이 그를 초대하여 차를 대접했다(내 생각엔 1930년대 초에 있었던 일 같다). 스타우트는 비트겐슈타인이 **검증**과 관련하여 흥미롭고도 중요한 생각을 했다는 이야기를 들었는데 무슨 생각인지 무척 알고 싶다고 말했다. 두 사람 모두 스타우트가 기차를 타러 곧 떠나야 한다는 것을 알고 있었고, 비트겐슈타인은 내게도 말했듯이 보통 그런 상황에서는 어떠한 종류의 철학적인 발언도 하지 않는 사람이었다. 그러나 검증 문제에 대한 비트겐슈타인의 생각을 이해하고자 하는 스타우트의 진지함과 진정성에 감동하여 그는 다음과 같은 비유를 들려주었다. 어떤 마을의 경찰관이 지역 주민 개개인의 신상정보, 예컨대 몇 살인지, 어디 출신인지, 무슨 일을 하는지 등을 확보해야 하는 경우를 가정하자. 이러한 정보는 기록되고 보관되며 때로 어떤 일에 사용되기도 한다. 경찰이 주민에게 질문을 하다 보면 때때로 어떤 사람이 **아무** 일도 안 하는 사람일 경우가 있다. 경찰관은 이 사실도 기록해둔다. 왜냐하면 **이것 또한** 그 사람에 대한 유용한 정보이기 때문이다.

이 비유를 검증 문제에 적용해보면, 내 생각으로는, 만일 어떤 진술을 이해하지 못하는 경우 그 진술이 검증될 수 없다는 것을 발견하는 일은 그 진술에 대한 중요한 정보이고 그 진술을 더 잘 이해하도록 만든다는 것이다. 이것은 그 진술을 더 잘 이해하게 된다는 말이지, 이해할 것이 아무것도 없다는 걸 발견하게 된다는 것은 아니다.

교수로서의 마지막 해에 비트겐슈타인은 격주로 한 번씩 무어를 방문하곤 했다. 그는 무어의 정직함과 진지함을 존경했고, 언젠가는 무어가 '깊다'고 말한 적도 있다. 동시에 무어와의 대화는 거의 언제나 그를 우울하게 만들었는데, 왜냐하면 무어가 너무 '어린애처럼 순진했기' 때문이었다. 비트겐슈타인은 언젠가 말하길, 무어가 철학자로서 주로 한 일은 철학적 문제들에 대한 "성급한 해답을 무너뜨리는" 것이라고 했는데, 나는 그가 무어 철학의 특징을 적확하게 표현한 것에 강한 인상을 받았다. 그러나 그는 무어에게 **올바른** 해답이 주어져도 그가 그것을 **분간할** 수 있을 거라고는 믿지 않는다고 덧붙여 말했다. 그는 1차 대전이 일어나기 전 케임브리지 학생이었을 때 무어의 강의를 몇 번밖에 듣지 않았는데 강의할 때 같은 말을 계속해서 반복하는 무어의 버릇을 참을 수가 없었기 때문이라고 했다. 한번은 또 무어의 연구 가운데 자신에게 인상 깊었던 것은 "지금 비가 오지만 나는 그걸 믿지 않는다"와 같은 문장에 담긴 특이한 종류의 난센스를 발견했다는 것뿐이라고 말한 적도 있다(이는 《탐구》 2부 10절에서 '무어의 역설'로 언급된다). 그러나 그는 무어의 〈상식의 옹호 Defence of Common Sense〉가 중요한 사상이라는 것은 인정했다. 비트겐슈타인은 만일 누군가가 섬세하게 구별되는 사유를 표현할 적확한 단어를 찾고자 한다면, 무어야말로 가장 훌륭한 의논 상대라는 것을 알고 있었다.

비트겐슈타인은 무어의 성품에서 가장 칭찬할 만한 면모를 보여준다고 생각하는 일화를 말해주었다. 무어는 런던에 있는 영국 학사원British Academy에서 〈외부 세계에 대한 증명Proof of an External World〉이란 제목으로 강연을 할 예정이었고 그 일에 몹시 신경을 쏟고 있었다. 무어는 결론 부분이 무척 마음에 들지 않았지만 만족스럽게 수정할 수가 없었다. 강연 날이 되어 런던행 기차를 타려고 케임브리지의 집을 나서는 무어에게 부인이 말했다. "걱정하지 마세요. 그곳 참석자들은 틀림없이 그걸 좋아할 거예요." 그러자 무어는 "만일 **그렇다면**, 그들은 **틀린 거요**"라고 대답했다. 이 사건이 비트겐슈타인이 무어가 '깊다'고 간주했던 면을 보여준다고 나는 믿는다.

1946~1947년에는 무어의 건강이 상당히 양호했으나 그 이전에 뇌졸중으로 고생을 했었다. 의사는 지나치게 흥분하거나 과로해서는 안 된다고 조언했는데 무어 여사는 이 처방에 따라 무어가 누구와도 1시간 반 이상은 철학 토론을 못 하게 막았다. 비트겐슈타인은 이 제한을 몹시 불쾌해했다. 그는 무어가 아내의 지시를 받아서는 안 된다고 믿었다. 무어는 자기가 하고 싶은 만큼 토론을 해야 한다고, 만일 지나치게 흥분하거나 피로해서 뇌졸중에 걸려 죽게 된다면 뭐 그것도 훌륭하게 죽는 한 가지 방법일 것이라고 생각했다. 진리를 매우 사랑하는 무어가 적절한 결론에 도달하기도 전에 토론을 억지로 끝내야 한다는 것은 꼴사나운 일이라고 본 것이다. 이 제한에 비트겐슈타인이 보인 반응이 그의 인생관을 아주 잘 보여준다. 인간은 모름지기 재능이 있는 일에 일평생 전력을 기울여

야 하며, 단지 생명을 연장하기 위해 일에 대한 전념을 포기해서는 절대로 안 된다는. 이러한 플라톤적인 태도는 비트겐슈타인이 자신의 재능이 사라지고 있음을 느끼고는 계속 살아가야 할지 회의했던 2년 뒤에 다시 나타난다.

비트겐슈타인은 1차 대전 이전 논리학의 문제들을 함께 연구했던 시절에 버트런드 러셀의 날카로운 지적 능력에 감탄했다고 여러 번 이야기했다. 러셀이 매우 **'명석했다'**는 것이 그의 표현이었다. 무어는 러셀에 비하면 좀 덜한 편이라고 했다. 비트겐슈타인은 자신과 러셀이 어느 날 몇 시간을 함께 열심히 논리학과 씨름하고 났을 때, 러셀이 "이 **망할 놈의** 논리학!" 하고 소리쳤던 일을 즐겁게 회상했다. 이 외침은 비트겐슈타인이 자신의 철학적 노동을 대하는 태도를 보여주는 것이기도 했다. 비트겐슈타인은 기술이론 Theory of Description 이야말로 러셀이 이룬 가장 중요한 업적이라고 믿었으며, 분명 엄청나게 힘든 작업이었을 거라고 말한 적도 있다. 하지만 1946년에 비트겐슈타인은 러셀의 당시 철학 저서들을 신통치 않게 평가했다. 그는 웃으면서 "이제 러셀은 철학을 하는 데 죽을 힘을 쏟지는 않는군" 하고 말했다. 어쩌다 러셀과 도덕과학 클럽에서 만나서 토론할 때면 비트겐슈타인은 다른 누구에게도 그러는 걸 본 일이 없는 정중한 태도로 러셀을 대했다.

비트겐슈타인은 《논고》와 관련된 두 가지 일화를 말해주었다. 그가 몇몇 다른 사람들에게도 말하긴 했지만 여기 기록해두어야 할 것 같다. 하나는 《논고》의 중심 사상인 명제가 **그림**이라는 생각의 기원과 관련된 것이다. 이 생각은 비트겐슈타인이 1차 대전 중 오스트리아군에서 복무하고 있을 때 처음 떠올랐다. 신문을 읽다가 자동차 사고의 발생과 위치를 도형이나 지도를 이용해 묘사하고 있는 것을 보게 되었다. 이때 비트겐슈타인에게 이 지도는 명제이고, 그 안에 명제의 본질 — 즉 실재를 **그리는 것** — 이 나타난다는 생각이 떠올랐던 것이다.

다른 사건은 이러한 명제 개념의 파괴를 재촉한 어떤 일과 관련이 있다. 비트겐슈타인은 케임브리지의 경제학 교수인 스라파와 함께 《논고》의 사상에 대해 여러 번 토론을 했다. 하루는(내 생각엔 두 사람이 함께 기차를 타고 있었던 것 같다) 비트겐슈타인이 한 명제와 그것이 묘사하고 있는 것은 동일한 '논리적 형식logical form', 동일한 '논리적 다양성logical multiplicity'을 가져야 한다고 주장했을 때, 스라파는 한 손의 손가락 끝으로 턱밑을 한번 바깥쪽으로 쓸고는(이것은 혐오나 경멸을 나타낼 때 나폴리 사람들이 흔히 쓰는 제스처이다) "**그것**의 논리적 형식은 뭡니까?"라고 물었다. 스라파가 든 예는 비트겐슈타인에게 한 명제와 그것이 기술하고 있는 것이 동일한 '형식'을 가져야 한다는 주장 속에는 불합리한 점이 있다는 느낌을 불러일으켰다. 이 사건은 한 명제는 문자 그대로 그것이 기술하고 있는 실재에 대한 '그림'이어야 한다는 관념에서 그를 벗어나게 해주었다.[3]

비트겐슈타인은 내게 《논고》를 폄하하는 말을 자주 했다. 하지만 나는 비트겐슈타인이 《논고》를 중요한 책으로 여기고 있었다고 확신한다. 그 한 예로 그는 《탐구》에서 예전 책의 오류들을 논박하는 데 상당한 관심을 쏟았다. 또한 그는 언젠가 내게 자신은 정말로 《논고》에서 자신의 후기 저서의 관점에 대해 **유일한** 대안인 한 견해를 완벽하게 설명했다고 생각한다고도 말했다. 또 다른 예로는《논고》가 그 이후의 자기 저작들과 함께 엮여 재출간되기를 그가 명백히 바랐다는 점이다. 그는《탐구》의 서문에 이렇게 썼다. "옛 생각들과 새로운 생각들을 함께 출판해야 할 것 같은 느낌이 든다. 다시 말해 새로운 생각들은 나의 옛 사고방식을 배경으로 대조할 때에만 제대로 볼 수 있을 것 같다."

여기서 비트겐슈타인이 종교를 대한 태도라는 어려운 주제에 대해 내가 할 수 있는 한의 이야기를 해야 할 것 같다. 그는 내게 어린 시절에는 종교를 경멸했었지만 21세 무렵에 무언가가 그의 내부에서 변화를 일으켰다고 말했다. 비트겐슈타인은 빈에서 연극을 하나 보았는데 썩 좋은 드라마는 아니었지만 한 극중 인물의 대사에 큰 충격을 받았다. 그 인물은 이 세상에 무슨 일이 일어날지라도 **자기**에게는 아무런 나쁜 일도 일어날 수 없다, **자신**은 운명과 환경으로부터 독립해 있다는 생각을 표현했는데, 비트겐슈타인은 이 스토아적인 사고에 충격을 받아 처음으로 종교의 가능성을 보게 되었다. 1차 대전 참전 중 그는 톨스토이가 복음서에 관해 쓴 글들을 우연히 읽게 되었는데, 무척 큰 감동을 받았다고 한다.

비트겐슈타인은《논고》에서 "신비로운 것은 세상이 **어떠하다는** 게 아니라 세상이 있다는 것이다(6.44)"라고 말한다. **어떠한 것이 도대체 존재할 수 있다**는 경이감은《논고》를 쓰던 동안뿐만이 아니라 내가 그를 알고 지내던 때에도 때때로 그에게 찾아들었을 것 같다.[4] 이 느낌이 종교와 조금이라도 관련이 있는 것인지 아닌지는 명확하지가 않다. 그러나 비트겐슈타인은 언젠가 자기는 신의 개념을 이해할 수 있을 것 같다고, 즉 신의 개념이 자신의 죄에 대한 인간의 깨달음과 관련이 있는 한 이해할 수 있을 것 같다는 말을

비트겐슈타인 회상록 ···93

한 적이 있다. 하지만 **창조주**의 개념은 이해할 수 없다고 덧붙였다. 그가 신의 심판, 용서, 구원의 개념들을 어느 정도 이해할 수 있었던 것은 그것들을 자신에 대한 혐오감, 순수함에 대한 강렬한 욕구, 그리고 스스로를 개선할 수 없는 인간에 대한 무력감과 연관 지어 보았기 때문일 거라고 생각한다. 그러나 **세상을 만든다**는 생각은 비트겐슈타인으로서는 도저히 이해할 수 없는 것이었다.

언젠가 비트겐슈타인은 우리에게 영생의 개념이 의미가 있으려면 우리가 심지어 죽어서도 결코 벗어날 수 없는 의무가 있다고 느껴야 한다고 암시적으로 말했다. 비트겐슈타인은 그 자신이 투철한 의무감에 사로잡혀 있던 사람이다.

비트겐슈타인은 그의 성격이나 경험으로 미루어볼 때, 심판하고 구원하는 신에 대한 관념을 이해할 준비가 되어 있었던 것으로 같다. 그러나 원인이나 무한의 개념으로부터 도출한 신성에 대한 우주론적 개념은 어떠한 것이든 그에게 혐오감을 주었다. 비트겐슈타인은 신의 존재 '증명'이나 종교에 대한 **합리적인** 근거를 제시하려는 시도 같은 것을 견디지 못했다. 내가 언젠가 그런 취지에서 "그분이 나를 구원해주신 걸 내가 알진대 어찌 예수가 존재하지 않을 수 있단 말인가?"라는 키르케고르의 말을 인용하자, 비트겐슈타인은 "이봐! 그건 뭔가를 **증명**하는 문제가 아니야!"라고 소리쳤다. 그는 케임브리지에서 보낸 마지막 해에 주의 깊게 읽었던 뉴먼J. H. Newman 추기경의 신학 책들을 싫어했다. 반면 성 아우구스티누스의 글들은 존경했는데, 한번은 《탐구》를 아우구스티누스의 《고백록》에서 인용한 글로 시작하기로 결정했다고 말했다. 다른 철학자들이 그 인용문이 표현하는 사상을 언급하고 있다는 걸 몰라서가 아니라, 그토록 위대한 정신이 품고 있는 생각이라면 **마땅히** 중요해야 하기 때문이었다. 그는 키르케고르도 높이 평가했다. 그를 가리켜 '진정으로 종교적인' 사람이라고 했는데, 그 표현에는 경외감 같은 것이 깃들이 있었다. 그는 《철학적 단편에 부치는 비학문적인 해설문 Concluding Unscientific Postscript》을 읽었지만 자기에게는 '너무 심오하다'는 것을 알았다고 한다. 그는 퀘이커교를 창시한 영국인 조지 폭스George Fox의 《일기Journal》를 읽고 감탄하여 내게 한 권 선물하기도 했다. 그는 디킨스Charles Dickens의 단편들 중 모르몬교로 개종한 영국인을 가득 싣고 아메리카를 향해 떠나려는 한 여객선에 승선하여 쓴 글을 칭찬했다. 비트겐슈타인은 디킨스가 묘사한 그 사람들의 조용한 단호함에 감동을 받았다.

나는 비트겐슈타인이 어떤 종교적인 신앙을 받아들였다거나 ─ 그는 확실히 그런 적이 없다 ─ 종교적인 사람이었다는 인상을 주고 싶지는 않다.(132쪽, 부기 1 참조) 그러나 그에게 어떤 의미에서 종교의 **가능성**이 있었다고 나는 생각한다. 비트겐슈타인은 자신이 참여하고 있지는 않지만 공감하고 매우 흥미를 느끼는 하나의 '생활양식'(《탐구》의 표현을 빌자면)으로 종교를 간주했다. 그는 종교에 참여하는 사람들을 존중했다. 비록 다른 데서와 마찬가지로 여기에서도 불성실함은 경멸했지만 말이다. 나는 그가 종교적인 믿음을, 그 자신은 갖고 있지 않은 성품과 의지의 속성들에 근거를 둔 것으로 간주하지 않았나 생각한다. 비트겐슈타인은 로마 가톨릭 신자가 된 스마이시스와 앤스콤에 대해 언젠가 "나는 그들이 믿는 모든 것들을 나 자신에게 믿게 할 수 없을 것 같다"라고 말한 일이 있다. 그들을 폄하해서가 아니라 그보다는 자신의 역량에 대한 관찰에서 나온 말이었던 것 같다.

  자신의 장래나 인류 전체의 전망에 대해 모두 깊이 비관했던 것이 비트겐슈타인의 특징이었다. 비트겐슈타인과 절친했던 사람이라면 누구나, 우리의 삶은 추악하고 우리의 정신은 암흑 속에 있다는, 흔히 절망에 가까운 감정이 그의 내부에 있다는 걸 알고 있었다.

비트겐슈타인과의 서신 왕래 II
1947.8.~1949.6.

  1947년 여름에 나는 미국으로 돌아가기 위해 가족과 함께 케임브리지를 떠났다. 미국에서 나는 그토록 아낌없이 나누어준 생각들에 감사하다는 편지를 썼다. 그는 다음과 같이 답장했다.

    자네와 케임브리지에서 함께 지낸 시간은 참으로 즐거웠네. 물론 자네가 나에게 빚진 것은 **아무것도 없네**. 요즘 내 마음은 아주 혼란스럽다네. 올 가을에 교수직을 그만둘 것이 거의 확실하네. […] 확정된 것은 아니니, **혼자만 알고 있게**. 롤린스와 △△△〔여기서 그는 그의 강의에 참석하기를 원했고, 비트겐슈타인의 요청으로 비트겐슈타인이 교수직을 그만둘 수도 있음을 내가 알려주었던 사람의 이름을 언급한다〕를 실망시키기 **싫지만** 나도 어쩔 수 없을 것 같네. 어디에 가서 혼자 지내면서 글 쓰면 좋겠네. 그래서 책의 일부라도 출판할 수 있게 만들었으면 한다네. 케임브리지에서 강의하면서는 그 일을 할 수 없지. 책 쓰는 것과는 별개로, 나는 다소 오랫동안 누구와도 만나지 않고 혼자 생각할 시간이 필요하네. 하지만 아직 대학에 내 계획을 말하지는 않았네. 10월에 확정하기 전까지는 말하지 않을 작정일세. [22]

석 달 뒤(1947년 11월) 오스트리아 여행에서 돌아온 뒤 비트겐슈타인은 편지를 보냈다.

오스트리아에서 돌아오자마자 부총장에게 사직서를 제출해서 12월 31일 밤 12시부로 교수직을 그만두겠다고 했네. 내게 **무슨** 일이 일어나든(내 미래가 낙관적이라고 보지는 않아), 유일하게 자연스러운 일을 했다고 느끼네.

이 편지에는 다음과 같은 추신이 붙어 있다.

△△△ [여기서 다시 비트겐슈타인의 요청에 따라 내가 편지를 보낸 사람이 등장한다]에게서 무례한 편지를 받았네. 사임한다고 미리 알리지 않았다고 나를 비난하더군. 그는 이것이 '충격적인' '성격의 결함'을 보여주는 것이며 내가 '상스러운 인간'임을 보여주는 것이라고 말했네. 나는 답장을 해서 '그가 어디서 논점에서 이탈했는지'를 설득하려 했네. 그는 바보 같은 사람인 것 같군. [23]

비트겐슈타인은 12월에 아일랜드의 위클로에 있는 레드크로스 Redcross에서 편지를 보내왔다.

오늘에야 위의 주소로 이사했네. 더블린에서 버스로 2시간 반에서 3시간 걸리는 곳에 있는 조그마한 게스트하우스라네. 아주 나쁘지는 않아. 곧 익숙해지겠지. 내가 유일한 손님이네. 물론 당장은 완전히 낯설고 불편하게 느껴진다네. […] 내가 오랫동안 연구를 못 했다는 건 말할 필요도 없네. 자네가 탐정 잡지와 책을 보내오기를 기다리고 있네. […] 자네에게 행운이 있기를 바라네. 자네도 내게 행운을 빌 거라는 걸 알아. 우리 모두 그게 지독히도 필요하니까! 그리고 다른 사람들도 마찬가지겠지. [24]

한 달 후에 비트겐슈타인은 내 아내에게 편지를 했다.

이곳은 꽤 조용한 곳입니다. 이보다 더 조용하면 **훨씬 더 좋겠지만** 말입니다. 연구는 그럭저럭 잘 진행되고 있습니다. 소화불량 때문에 고생하지만 않는다면 더 잘될 것 같지만요. 소화불량이 잘 떨어지질 않는군요. 이타카로 가서 당신이 해주는 좋은 음식을 먹어야 할 것 같습니다.

열한 살짜리 우리 아들이 때로 큰 소리로 글을 읽어달라고 부탁하는 걸 어떻게 생각하느냐는 아내의 질문에 다음과 같은 대답을 덧붙였다.

나는 레이Ray가 당신에게 읽어달라고 부탁하는 것이 **매우 좋은 생각이**라고 봅니다. 소리 내서 읽기를 잘, 즉 주의 깊게 연습하면 아주 **많은** 걸 배울 수 있습니다. 대부분의 사람들과 신문들이 얼마나 한심하게

아무렇게나 막 쓰는지를 알 수 있습니다. 사람들은 **생각나는** 대로 그냥 쓰니까요. [25]

1948년 2월에 받은 편지에서 그는 이렇게 썼다.

나는 지금 육체적으로 매우 건강하네. 연구 진행 상황도 나쁘지 않고. 때때로 이상한 신경 불안 상태에 빠지는데 그게 지속될 때는 기분이 아주 비참해지고, 기도를 하게 만든다는 정도만 얘기하겠네.

나는 전에 두 권의 책에 대해 편지에 썼다. 하나는 깊은 감동을 준 키르케고르의 《사랑의 작업 The Works of Love》이었고, 다른 하나는 재미있게 읽었던 프레스콧 William Prescott(1796~1859, 중남미 연구로 유명한 미국 출신의 역사학자—옮긴이)의 《멕시코 정복사 Conquest of Mexico》였다. 비트겐슈타인은 같은 편지에서 이렇게 썼다.

키르케고르의 '사랑의 작업'은 읽어보지 못했네. 어쨌든 키르케고르는 나에겐 너무 심오한 사람이야. 그는 내게 좋은 영향을 주는 대신 나를 당혹케 해. 아마 더 깊은 영혼을 가진 사람에게는 좋은 영향이 있겠지만. — 몇 년 전 드루어리 Drury가 나와 스키너 Skinner에게 '멕시코 정복사'의 초반부를 읽어주었는데 우리 모두 매우 흥미를 느꼈네. 물론 내가 프레스콧의 사제적인 관점을 좋아하지 않는다는 것과는 별개의 이야기라네.

비트겐슈타인은 다음과 같은 추신을 썼다.

여기엔 이야기를 나눌 사람이 없네. 그게 좋은 점이지. 어떤 면에선 나쁘지만. 때때로 진정으로 우정 어린 말을 할 수 있는 사람을 보는 건 좋은 일이네. 대화까지는 필요하지 않아. 가끔씩 미소를 던질 누군가만 있으면 되지. 〔26〕

나중에 비트겐슈타인은 새 주소인 '에이레Eire(아일랜드의 옛 이름—옮긴이) 골웨이 카운티, 렌빌 우체국Renvyle, 로스로Rosro 오두막'에서 편지를 보내왔다.

최근에 많이 힘들었네. 영혼과 심신 모두 말이네. 몇 주 동안 굉장히 우울했다가 그러고는 아팠지. 지금 난 허약해서 완전히 둔해졌다네. 5~6주 동안 아무 연구도 하지 못했지. 나는 문명에서 떨어져 서해안의 오두막에서 지내고 있네. 〔28〕

한 달 후에는 (1948년 6월) 기분이 한결 나아져 있었다.

보내준 탐정 잡지 고맙게 받았네. 자네가 보내준 탐정 잡지가 오기 전에 도로시 세이어스Dorothy Sayers의 탐정소설을 읽었는데, 너무 형편없어서 우울할 정도였지. 그러다 자네가 보내준 잡지를 펼쳤을 때, 마치 답답한 방에서 나와 신선한 공기를 마시는 것 같았다네. 〔29〕

다음 날 탐정 잡지 갈피에서 미국 우리 집에 오라고 간청하는 아내의 편지를 발견하고 비트겐슈타인은 아내에게 다음과 같은 편지를 보냈다.

나를 초대해준 것에 큰 감사를 드립니다. 때가 되면 언젠가 한번 와도 괜찮다고 생각하시는 걸 알게 되니 기분이 좋군요. 하지만 지금은 때가 아닌 것 같습니다. 알다시피 내 문제의 주된 근원은 나 자신입니다. 불행히도 그 문제는 내가 어디를 가든 따라다니는군요. 지금은 여기 오기 전보다 **훨씬** 좋아졌습니다. 내 건강은 괴팍한 늙은이치고는 양호합니다. 그리고 내가 항상 불만을 제기하는 것들은 **필요**악입니다. 나의 연구는 그저 그렇습니다. 하지만 그렇다면 나의 재능이 그 **정도일** 뿐입니다. 그리고 나는 약간 케케묵은 사람이 되어가고 있으며 아무것도 이를 바꿀 수 없습니다. 나는 종종 그 때문에 분개하지만 그것을 견디는 일을 배워야만 합니다. 여기서의 고독은 긴장이지만 또한 축복이기도 합니다. 내가 집안일을 다 해야 한다는 것은 스트레스를 주지만, 그것 또한 의심의 여지 없이 커다란 축복입니다. 왜냐하면 그 **덕분에** 나는 온전해져서 정상적인 생활을 할 수 있기 때문입니다. **비록 매일 그 일을 저주하지만** 대체로 내게 이롭습니다. 내가 노파처럼 굴며 그렇게 많이 불평해선 안 되는 게 맞겠지요. 하지만 그것 또한 변할 수 없는 것들 중 하나입니다. ― 하지만 나는 **진지하게** 언젠가 시간이 될 때 방문해서 함께 지내고 싶습니다. [30]

7월에도 로스로 오두막에서 편지를 보내왔다.

내 연구는 약간씩 진척되지만 썩 잘되지는 않네. 며칠 전에는 이런 자문도 했지. 과연 내가 대학을 떠났어야 했을까? 결국 가르치는 일을 계속했어야 하지 않았을까? 나는 바로 철학을 계속 가르칠 수 없었을 거라고 느꼈네. 더 빨리 사임했어야 했다고 나 자신에게 말하기까지

했지. 하지만 그때 자네와 케임브리지에 있는 폰 브릭트를 생각하고는 내가 정확히 알맞은 때에 그만두었다고 스스로에게 말했네. 만일 철학적 재능이 이제 사라진다면 불행한 일이긴 하지만, 뭐 그뿐인 게지. 〔32〕

비트겐슈타인은 로스로 오두막에 한 달 더 묵은 뒤 오스트리아로 가서 3~4주 머물 예정이라고 했다. 분명히 그는 오스트리아에 갔었고, 그후 1948년 10월 케임브리지에서 자신의 원고들을 구술하면서 2주 동안 머물렀다. 비트겐슈타인의 다음 편지는 11월에 더블린 파크게이트 가Parkgate Street의 로스 호텔Ross's Hotel에서 보낸 것이었다. 그는 친구인 드루어리Maurice Drury를 방문하기 위해 잠깐 동안만 머물고 로스로 돌아갈 생각이었는데, 계획을 바꾸었다.

여기에 오자 놀랍게도 내가 다시 일할 수 있다는 걸 알았어. 내 두뇌에 햇살이 비치는 이 짧은 기간을 놓치면 안 되겠어서 이번 겨울에는 로스로에 가지 않고 따뜻하고 조용한 방이 있는 여기에 머물기로 했네.

1946~1947년 내가 케임브리지에 있을 때 비트겐슈타인은 나중에 《탐구》의 1부로 출판되는 타자본 원고를 빌려주었는데, 미국으로 돌아오기 전에 그 원고를 돌려주었다. 나는 그 원고의 사본을 보내줄 수 있는지 편지로 물었는데 그는 위의 편지에서 이렇게 답했다.

자네가 내 물건의 타자본 원고를 한 부 가지도록 하면 **좋겠지만**, 현재로선 어떻게 해야 그럴 수 있을지 모르겠네. 지금은 사본이 세 부밖에 없네. 내가 한 부 가지고 있고(나는 이게 필요하네), 앤스콤 양이 한 부, 무어가 절반 혹은 3/4, 나머지는 케임브리지에 보관 중인 짐 속 어딘가에 있을 거네. 여기서는 사본을 한 부 더 만들어줄 수 있는 사람이 없네. 그리고 돈이 꽤 **많이** 들 거네. 물론 앤스콤 양이 그녀의 사본을 자네에게 보낼 수도 있지만, 솔직히 말해 나는 그게 영국에 있는 게 안전하다고 생각하네. 사본이 세 부밖에 없는 한은 말일세. 불쾌하게 생각하지 않았으면 하네. 자네가 내 원고의 사본을 원한다니 나로선 기쁜 일이지. 한 부를 더 만들 수 있게 되면 곧바로 보내주겠네. [33]

뒤에서 알게 되겠지만, 비트겐슈타인은 미국으로 우리를 만나러 올 때 무어가 갖고 있던 사본을 가져왔다가 영국으로 돌아가면서 내게 남겨놓고 갔다. 비트겐슈타인 사후에 나는 그 사본을 그의 유고 관리자에게 넘겨주었다.

나와 아내는 때때로 비트겐슈타인에게 작은 음식 꾸러미들을 보내주었는데, 이에 대해 그는 언제나 지나치게 고마워했다. 다음은 비트겐슈타인이 아내에게 보낸 편지다.

당신과 노먼의 멋진 선물에 감사드립니다! 예전에 말했듯이 당신은 누군가 후견인이 있어야 해요. 그 경우 나는 '위임장'을 받으려고 할지도 모르겠군요(이런 게 내가 항상 탐정 잡지에서 읽는 거죠). 꾸러미에 든 모든 게 훌륭하고 유용합니다.

비트겐슈타인은 여전히 더블린에 있는 로스 호텔에 머물고 있었다. 그는 "꽤 많이 일하고 그럭저럭 잘하고 있습니다. 이 행운이 6개월 정도 계속되기를 희망합니다. 그때쯤이면 일의 큰 부분은 끝낼 수 있을 테니까요"라고 말했다. [34]

4주 후(1949년 1월) 비트겐슈타인은 행운이 지속되지 않는다는 편지를 보냈다.

나는 지난 석 달간 상당한 연구를 했네. 하지만 3주 전에 장염에 걸려서 앓았는데 아직 회복되지 못했네. 일주일 더 지속되면 전문의를 찾아가봐야 할 것 같네. 물론 장염은 내 연구에 도움이 되지 않았지. 한 주 통째로 연구를 중단해야 했고, 그 후로는 산책할 때만 연구를 하니까 느릿느릿 진행되고 있지. [35]

비트겐슈타인에게 보낸 이번의 내 편지에는 무어에 대한 논평이 몇 마디 들어 있었다. 나는 언젠가 무어에게 내가 아는 유명한 철학자가 자기가 출판한 철학적 관점에 대한 비평에 적대적인 반응을 보이는 경향이 있다고 말한 적이 있다. 무어는 그 이야기를 듣고 놀라는 기색을 보였다. 그래서 내가 직업적인 허영 때문에 사람들이 자기 글에 대한 비평을 견디지 못할 수도 있다는 걸 이해할 수 없느냐고 물으니 무어는 놀랍게도 "이해할 수 없네!"라고 대답했다. 이 이야기를 비트겐슈타인에게 하면서 나는 인간의 본성에 대한 이러한 무지가 무어에게는 명예라는 말을 덧붙였다. 비트겐슈타인은 이렇게 답장했다.

이제 무어에 대한 얘기. — 나는 무어를 정말로 이해하지는 못하네. 따라서 내가 말하는 것은 틀릴 수도 있지. 하지만 내가 말하고 싶은 것은 이거야. — 무어가 어떤 의미에서 예외적으로 어린아이처럼 순진하다는 것은 분명하네. 자네가 인용한 (허영심에 관한) 언급은 분명히 순진함의 사례니까. 무어에게는 또한 **어떤** 순수함이 있지. 예를 들어 그는 전혀 허영심이 없네. 어린이 같은 순진함이 그에게 '**명예가 된다**'는 것에 대해서는 — 나는 그 말을 이해할 수 없네. 그것이 **어린이**에게도 명예가 되지 않는다면 말이야. 왜냐하면 자네는 한 사람이 싸워서 지킨 순진함이 아니라 유혹당하지 않도록 타고난 천성에 관해 말하고 있기 때문이네. — 나는 자네가 말하고자 했던 것이 자네가 무어의 순진함을 **좋아한다는** 것, 또는 심지어 **사랑한다는** 것이라고 믿네. 그렇다면 **이해할** 수 있지. — 나는 우리의 불일치가 생각이 다른 게 아니라 느낌이 달라서라고 생각하네. 나는 무어를 **좋아하고** 무척 존경하지만, 그게 전부일세. 그는 내 가슴을 따뜻하게 데워주지 않아(따뜻하게 해준다고 해도 아주 약간뿐이지). 왜냐하면 내 가슴을 가장 따뜻하게 해주는 것은 인간적인 다정함인데, 무어는 — 바로 어린아이처럼 — 다정하지 않기 때문이네. 그는 친절하고, 매력적이고, 자기가 좋아하는 이들에게 잘 대해주며, **깊이**가 있지. — 내가 보는 무어는 그렇다네. 내가 틀렸다면, 틀린 것이겠지.

같은 편지에서 그는 계속해서 썼다.

내 연구는 아직도 꽤 잘되고 있네. 6주 전만큼 좋지는 않지만. 약간 아팠기 때문이기도 하고 또 수많은 것들이 정말로 걱정스럽기 때문이네.

— 돈 걱정을 하는 것은 아니네. 물론 나는 돈을 꽤 많이 쓰는 편이지만 앞으로 2년은 충분할 것 같네. 그동안 신의 뜻대로 일을 끝마치려고 하네. 결국 그 때문에 교수직을 그만둔 것이니까. 나는 **이제** 돈에 대해 걱정해서는 안 되네. 돈 걱정을 해서는 연구를 할 수 없기 때문이지. (그 뒤에 무슨 일이 일어날지는 나도 모르네. 어쨌든 그때까지 오래 살지는 못할 것 같네.) — 지금 내 걱정 가운데 하나는 빈에 있는 누이의 건강이네. 최근에 암 수술을 받았는데 수술은 성공적이었지만 누이는 **오래** 살지 못할 거야. 그런 이유로 다음 봄쯤에 빈에 가려고 **하네**. 그것은 자네와도 관련이 있어. 빈에 갔다가 나중에 영국으로 돌아오면 지난 가을부터 써온 것들을 구술하려고 하네. 그렇게 **된다면** 사본 한 부를 자네에게 보내주겠네. 그것이 자네 연구 분야에서 밑거름 역할을 하기를 바라네. 〔36〕

다음 해 여름 미국에 왔을 때 비트겐슈타인은 정말로 지금 말한 사본을 가져다주었다. 그 내용은 《탐구》의 2부에 포함되었다.

1949년 3월 비트겐슈타인은 여전히 더블린의 로스 호텔에 머물고 있었다. 아내와 나는 다시 미국으로 우리를 방문해달라고 간곡히 요청했고, 다음과 같은 답장을 받았다.

친절한 초대에 감사드립니다. 거의 일주일 전에 편지를 받았지만 생각이 무척 혼란스러워서 답장을 할 수 없었습니다. 그리고 오늘도 일관성 없는 문장들로 뒤죽박죽된 편지보다 더 잘 쓰기는 힘들 것 같습니다. 먼저 (a)당신들의 친절함에 깊은 감사를 느낍니다. (b)이 초대를 받아들이고 싶은 유혹을 **강렬하게** 느낍니다. 하지만 커다란 어려움이 있습니다. — 나의 맏누이가 내가 아는 한 아직 살아 있습니다. 그리고 다른 누이 둘은 내가 조만간 빈을 방문하기를 **원할지도 모릅니다**. 그렇다면 아마도 나는 다음 3주 이내로 빈으로 가서 3~4주 동안 머물게 될 것입니다. — 나는 여행사에 가서 미국으로 가는 것에 대해 문의했습니다. 왕복으로 약 80~120파운드 비용이 든다고 합니다. 게다가 나는 5파운드 이상 소지하는 것이 허락되지 않기 때문에 당신들이 내 미국 체류비를 모두 부담해야 할 것이라고 들었습니다. 사실 내가 알기로 당신들은 내 미국 체류비 전부를 부담할 능력과 의지가 있다는 재정보증서affidavit를 제출해야 한다고 들었습니다. 이런 제한이 없다면 나는 이론적으로는 미국에서 내 돈을 쓸 수 있겠지만, 사실 나는 **그 비용을 감당할 수 없습니다**. 나는 오직 **두세 달** 당신들 집에 머물면서 신세 지는 경우에만 여행 비용을 감당할 수 있습니다! — 당신 집에 그 정도 기간 동안 체류한다고 생각하면 내 입장에서는 매우 즐거운 일입니다. 하지만 내가 나이 든 사람이고 급속히 노화하고 있다는 뜻하지 않은 장애가 있습니다. 내가 아는 한 정신적으로는 괜찮은데 신체적으로 그렇다는 뜻입니다. 〔…〕 나는 당신들이 나를 초청할 때 이 모든 장애들을 깨닫지 못했을 거라고 생각합니다. 부디 내가 이 편지에서 말한 **모든 것**들을 진지하게, 액면 그대로 검토해보십시오. 〔37〕

나는 필요한 보증서를 보내 다른 문제들은 걱정하지 말라고 안심시켰다. 비트겐슈타인은 다음 편지에서 배표를 예약했다고 알리면서 이렇게 덧붙였다.

인생은 무슨 일이 일어날지 알 수 없네. 그러니 만약 나중에 자네가 어떤 **이유로든** 내 방문에 대해 마음을 바꿀 생각이면 나에게 **기탄없이** 말해주게. 〔…〕 지난 2~3주 동안 아무 연구도 못 하고 있네. 내 마음은 피곤하고 썩어 있네. 내가 약간 탈진했기 때문이기도 하고, 걱정거리가 많아서이기도 하네. 토론할 사람이 있다면 철학에 대해 토론할 수 있을 것 같지만 혼자서는 철학에 집중할 수 없네. 〔38〕

5월에 비트겐슈타인은 더블린에서 편지를 보내왔다.

4월 중순에 빈에 가서 중병에 걸린 큰누이를 만났네. 5일 전에 떠날 때 누이는 살아 있었지만 회복될 가능성은 없네. 여기엔 지난밤에 도착했네. 빈에 있는 동안 거의 아무런 연구도 할 수 없었네. 내가 썩어버린 것 같은 느낌이 드네. 3월 초 이래로 전혀 연구하지 못했는데, 연구를 **시도할** 힘조차 없다네. 앞으로 어떻게 될지는 신만이 아시겠지. 〔…〕 자네 부부 모두 건강하길 비네. 그리고 내가 갔을 때 나를 끔찍하게 불쾌하고 지루한 친구로 생각하지 않기를 바라네. 〔39〕

6월에 여전히 더블린에서 편지를 보냈다.

3주 전 여기에 도착했을 때 병원에 가서 혈액검사를 했는데, 다소 특이한 종류의 빈혈이라고 하더군. 복부에 종양이 있을까 의심했는데 엑스레이 검사 결과 종양은 나타나지 않았네. 많은 양의 철분과 간즙을 처방받았고 천천히 나아지고 있네. 7월 21일에 퀸메리호Queen Mary를 탈 수 있을 거라고 생각하네. 그러나 빈혈이 나의 토론 능력에 얼마나 영향을 줄지가 문제군. 현재로서 나는 어떠한 철학도 할 수 없고, 심지어 그럭저럭 괜찮은 수준의 토론조차 감당할 힘이 없네. 사실 현재 나는 도론을 할 수 없나고 **확신한다네**. 물론 7월 말쯤에는 내 두뇌가 다시 연구하기에 충분할 정도로 회복될 가능성이 있을 테지. [⋯] 내가 **완전히** 무디고 멍청하게 되더라도 자네가 나를 친절하게 대해주리란 걸 **아네**. 하지만 **난** 자네 집에서 그저 할 일 없는 비곗덩어리가 되고 싶진 않네. 그처럼 커다란 친절에 **조금**이나마 보답할 수 있다고 느끼고 싶네. [40]

철학으로 보답해야 한다고 생각할 필요는 없다고 내가 은근히 말하자 비트겐슈타인은 이렇게 답했다.

자네의 친절함에 토론으로 **지불하겠다**는 의미가 아니었네. 어쨌든 내가 자네에게 최상의 것으로 보답한다고 해도 형편없는 것일 테니까. 내가 말하려 했던 건 이거야. 친절한 초청자를 **죽도록** 지겹게 만들고 싶지는 않다는 거지. 그에 대해서는 더 얘기하지 말도록 하지. 특히 나한테 좋은 소식이 있으니 말이네. 며칠 동안 상당히 좋아졌네. 분명히 철분과 간즙의 약효가 좋았던 것 같네.

비트겐슈타인은 계속 내가 만일 뉴욕으로 그를 마중 나올 수 없는 경우에는 '아주 기꺼이' 혼자서 이타카까지 8~9시간 동안의 기차 여행을 하겠다고 말했다. "어쩌면 영화에서처럼 배 위에서 아름다운 소녀를 만나 도움을 받을지도 모르지." [41]

비트겐슈타인의 미국 방문
1949.7.~1949.10.

나는 뉴욕으로 가서 배에서 내리는 비트겐슈타인을 마중했다. 처음 그를 보고는 건강해 보여서 깜짝 놀랐다. 비트겐슈타인은 등에다 짐을 메고 한 손에는 무거운 여행 가방을, 그리고 다른 한 손에는 지팡이를 들고 경사진 발판을 성큼성큼 걸어 내려오고 있었다. 그는 기분이 매우 좋았고 전혀 지친 기색도 없이 짐을 거들어 주겠다는 제안도 마다했다. 집으로 돌아오는 기차 여행에서 가장 기억에 남는 것은 음악에 관한 대화를 한 것과 비트겐슈타인이 베토벤의 7번 교향곡 일부를 놀라울 정도로 정확하고 풍부한 표현으로 휘파람으로 연주했다는 것이다.

우리와 함께 지낸 첫 달 혹은 6주 정도는 비트겐슈타인의 건강이 꽤 좋은 편이었다. 그는 내 아내나 나와 함께 근처 숲으로 산책 나가길 좋아했다. 그의 기력은 놀라울 정도였다. 산책을 하면서 그는 나무의 종류를 알아맞히는 데 큰 관심을 보였다. 특히 기억나는 산책이 있다. 비트겐슈타인은 나무들의 높이를 확인하고 싶어 했는데 그가 고안해낸 방식은 이랬다. 비트겐슈타인이 곧게 편 팔과 지팡이로 측정할 나무 끝을 가리키면서 팔이 땅에서 대략 45도가 되도록 나무로부터 떨어져 선다. 그러면 나는 그가 서 있는 데서 나무까지의 거리를 발걸음으로 잰다. 그러면 단순한 계산으로 나무 높이의 근사치를 얻을 수 있었다. 비트겐슈타인은 순수한 열의를 갖고 이 측정을 지휘했다.

하루는 아내가 비트겐슈타인에게 스위스 치즈와 호밀로 만든

검은 빵을 점심으로 내놓은 적이 있었는데, 그는 이를 몹시 좋아했다. 그 후로 그는 아내가 준비한 다른 음식들은 거들떠보지도 않은 채 매끼마다 빵과 치즈를 먹겠다고 다소 고집을 부리곤 했다. 비트겐슈타인은 **무엇**을 먹는가 하는 것은 그것이 언제나 **똑같은** 한 별문제가 안 된다고 선언했다. 특히 맛있게 보이는 음식이 상에 오르면 나는 종종 "야, 기똥찬데!" 하고 탄성을 했다. 어렸을 때 캔사스에서 배운 속어인데, 비트겐슈타인은 내게서 이 말을 배웠다. 아내가 그에게 빵과 치즈를 가져다주었을 때 그가 "야, 기똥찬데!"라고 외치는 걸 듣는 건 상상할 수 없을 정도로 우스꽝스러웠다. 그는 우리 집에 와있던 초기에는 식사 후 설거지를 돕겠다고 고집했다. 그는 예전처럼 비누와 온수의 양에 무척 까탈스럽게 신경 썼으며, 제대로 된 행주를 쓰는지도 세심히 따졌다. 한번은 내가 그릇을 제대로 헹구지 않았다고 엄하게 질책한 적도 있다. 하지만 얼마 못 가서 그는 설거지를 그만두었다. 기력이 급격히 감퇴되어 그 일을 감당할 수 없게 되었던 것이다.

비트겐슈타인이 즐겨 사용했던 말투 가운데 하나는 "그 정도면 딱 좋아!" 하는 외침이었다. 그는 이 말을 아주 단호한 어조로 짐짓 근엄하게 썼다. 어떤 것이 지금 상태로 적당하므로 더 이상 좋게 하려고 애쓰지 말라는 뜻이다. 그는 이 말을 다양한 상황에 썼다. 자기 침대가 현 위치로 만족스러우니 옮기지 말라는 말을 할 때도 썼고, 내 아내가 그의 재킷을 수선해놓은 것이 현재로 충분하니 더 잘해놓으려고 하지 말라는 말을 할 때에도 썼다.

화장실 물탱크의 부구(浮球)가 고장 났을 때 내가 그걸 고치는 걸 돕는 데 매우 흥미를 보였다. 그는 기계적인 문제에 분명 취미가 있었다. 수리하는 일은 다 끝났지만 나는 한 군데 더 손보자고 했다. 비트겐슈타인은 "그 정도면 딱 좋아!"란 말로 나를 제지했다. 트리니티 칼리지에서 비트겐슈타인은 나를 화장실로 데려가서 그 견고한 구조를 살펴보라고 한 적이 있었는데, 우리 집 화장실의 구조에 대해서는 좋지 않게 평했다. 그는 언제나 건실한 장인적인 솜씨에 대해서는 높이 평가했지만 부서지기 쉽게 날림으로 만든 것에 대해서는 정말로 도덕적인 비난을 했다. 그는 일에서 **완전성**을 추구하는 장인들이 있을 수 있다고 생각하길 좋아했는데, **마땅히** 그래야 한다는 이유에서였을 뿐 다른 이유는 없었다.

미국에 도착하고 얼마 안 있어 비트겐슈타인은 자기 책을 함께 읽자고 제안했다. 우리는 몇 번인가 그렇게 했지만 나는 이번에도 그것이 너무 제한적이어서 함께 철학하기에 만족스러운 방법이 아니라는 걸 알았다. 비트겐슈타인도 같은 느낌을 받았던 것 같다. 그는 그해 여름 여러 사람들과 많은 철학 토론을 했다. 그는 나와 바우스마 Oets Bouwsma와 함께 프레게의 《의미와 지시체에 관하여 Über Sinn und Bedeutung》를 읽기 시작했다. 이 주제로 두세 번 모임을 가졌는데 여기서 비트겐슈타인은 자신이 프레게로부터 어떻게 갈라져 나왔는가를 상세히 설명했다. 그 후 한 모임에서 자유의지와 결정론에 대해 토론했다. 그는 나와 윌리스 도니 Willis Doney와 함께 《논고》를 읽기 시작했으나 이것은 계속되지 못했다. 일화 하나를 여기 기록해두어야 할 것 같다. 비트겐슈타인에게 그가 《논고》를 쓸 당시 어떤 것을 '단순 대상 simple object'의 사례로서 결정한 일이 있었는지 물었더니, 그는 당시에 스스로를 **논리학자**로 생각했다고 대답했다. 그리고 이것 또는 저것이 단순한 것인지 또는 복

합적인 것인지를 결정하려는 노력은 순전히 **경험적인** 문제이므로 논리학자로서의 자신의 문제는 아니라고 생각했다는 것이었다. 그가 자신의 예전 견해를 불합리한 것으로 간주했다는 것은 명백한 일이다.

존 넬슨John Nelson, 도니, 그리고 나와 함께 비트겐슈타인은 기억에 관한 문제를 한 번 토론한 적이 있었다. 그는 코넬 대학교의 내 동료들과 몇 차례 만나 다양한 주제로 토론을 했는데 그 중에는 맥스 블랙Max Black, 스튜어트 브라운Stewart Brown, 바우스마가 있었고 나 또한 참석했다. 이러한 모임 가운데 몇 번 비트겐슈타인은 케임브리지 시절 그의 특징이었던 열정과 활기를 보이기도 했다. 그러나 그는 마침내 병 때문에 참석하지 못하게 되었다. 가을 학기가 시작될 무렵 그는 이틀 저녁에 걸쳐 코넬 대학교 철학과 대학원생들과 만나 하루는 검증에 대한 이야기를, 그다음 날에는 지식에 관한 이야기를 했다.

그러나 그해 여름에 내게 가장 중요했던 것은 비트겐슈타인과 나 사이에 있었던 토론들이었다. 우리의 주제는 무어의 〈외부 세계에 대한 증명〉과 〈상식의 옹호〉였다. 특히 우리는 자기 앞에 놓인 한 손을 잡고서 "나는 이것이 손이란 걸 **알아**"라고 말하는 것, 또는 몇 피트 떨어져 있는 나무를 가리키며 "나는 이것이 **나무란 걸 확실히** 알아!"라고 말하는 것이 정확한 언어 사용이라는 무어의 주장에 대해 이야기를 나누었다. 이미 출판된 한 논문에서 나는 이것은 '알다'를 무의미하게 사용한 것이라고 주장했는데 무어는 이에 대해 편지로 맹렬한 응답을 보내왔다. 비트겐슈타인과 나는 이 문제를 놓고 많은 토론을 했다. 그는 여기서 지식이라는 개념에 대해 대단히 중요한 여러 통찰을 해냈다. 다음은 내가 대략적으로 기록해놓은 노트에 기초해서 간략히 요약한 것이다.

지식을 하나의 심리적 상태mental state로 생각하는 경향이 있다. 그렇다면 나는 나 자신의 심리적 상태를 알아야만 한다. 만일 내가 어떤 특정한 심리적 상태를 가진다고 말했는데 그것을 가지고 있지 않다면, 나는 거짓말을 한 것이다. 그러나 나는 어떤 것들을 안다고 말했는데 그 어떤 것들이 거짓으로 드러날 수도 있다. 하지만 이것으로부터 내가 거짓말을 했다는 결론이 나오지는 않는다. 그러므로 안다는 것은 심리적 상태가 아니다.

불안과 고통 같은 심리적 상태는 정도를 가진다. **확실성**에도 정도가 있다. 예를 들어 "얼마나 확실해?"와 같은 말에서처럼 말이다. 확실성이 정도를 가지기 때문에 우리는 지식이 심리적 상태라는 생각을 갖게 된다.

무어는 겨우 20피트 떨어져 있는 집을 보고 기묘한 어조로 "나는 저기에 **집이 있다**는 것을 **알아!**"라고 말하고 싶어 한다. 그가 이런 말을 하는 것은 자신의 내부에 안다는 **느낌**을 만들어내고 싶기 때문이다. 그는 **확실히 안다는 것**을 자신에게 드러내 보이고 싶은 것이다. 이런 식으로 그는 뒷마당에 개가 있다든지 이웃집에 불이 났다든지 하는 일상적인 사례들이, 실제로는 또는 엄밀한 의미에서, **최고 수준의 지식은** 아니라고 주장하는 회의적인 철학자에게 답변을 하고 있다고 생각한다. 그것은 마치 누군가 "당신이 꼬집혔을 때 당신은 정말로 아픔을 느끼는 것이 아니다"라고 말했을 때, 무어가 아픔을 느끼기 위해 자기를 꼬집고 다른 사람이 틀렸다고 스스로에게 증명하는 것과 같다. 무어는 "나는 어떤 것들을 안다"라는 문장을 "나는 통증이 있다"와 같은 문장처럼 취급한 것이다. 그가 어떤 것들을 안다는 것의 기준은 그가 안다고 **말한다**는 것이 될 것이다.

"저것은 나무이다"와 같은 물리적 대상들에 대한 진술은 때때로 수학적 명제의 진술과 유사한 역할을 한다. 만일 내가 그 나무로 걸어갔는데 아무것도 만질 수 없다면, 나는 나의 감각이 내게 말해주는 모든 것들에 대한 신뢰를 잃을지도 모른다. 마치 어떤 단순한 덧셈의 결과가 계속 다르게 나올 경우에 모든 계산에 대한 신뢰를 잃어버리게 되듯이 말이다. 무어가 "나는 나무가 거기 있다는 걸 **알아**"라고 말한 이유는 부분적으로는 만일 그것이 나무가 **아닌 것**으로 드러난다면, 그가 '포기'해야 할 것이라는 느낌 때문이다.

나는 그 어떤 것도 나무가 없다는 **증거**로 간주하길 거부할지도 모른다. 나무에 다가갔는데 아무것도 느끼지 못한다면, 실수로 나무라고 생각한 것이 아니라, **그때** 착각한 것이라고 말할지도 모른다. 만일 내가 어떤 것도 그것이 나무라는 것에 반대되는 '증거'로 부르지 않을 것이라고 말한다면, 그때 나는 심리적 예측을 하고 있는 것이 아니라 **논리적** 진술을 하고 있는 것이다.

"안다"라는 말의 통상적인 사용법에서 '확인하기'의 의미로 말하는 것은 항상 합리적인 사용법이다. 그런데 무어는 '확인'하려는 의미가 없는 상황에서 예컨대 "나는 이것이 신발이라는 것을 안다"라고 말한다. 그리고 이것이 실제로 그가 이 경우에 "나는 안다"라는 말을 계속 고집하는 이유일 수 있다. 그는 아마도 더 이상 이것이 신발이라는 것을 더 '확인해주는' 것 따위는 없다고 말하고 싶어 하는 건지도 모른다. 그리고 만일 좀 더 '확인해주는 것'이 가능하다 하더라도 지금 내가 알고 있는 것보다 더 나을 게 무엇이 있겠는가를 말이다. 우리는 여기서 멈추어야 한다! 만일 **여기에** 확인하기가 있다면, 확인이란 전혀 없는 것이다. "나는 이것이 신발이란 걸 **알아**"라는 무어의 진술은 결국 다음과 같은 말과 같다. "이것이 신발이라는 것을 **확인하는 것**은 없다. 그리고 무슨 일이 일어나더라도 나는 그것을 이것이 신발이라는 것에 반대되는 증거라고 부르지 않을 것이다."

"나는 이것이 나무라는 것을 안다"라는 무어의 진술이 언어의 오용이라고 말하는 대신, 거기에는 명확한 의미가 없으며 무어 자신도 그것을 어떻게 사용하고 있는지 모르고 있다고 말하는 것이 낫다. 우리는 그가 그 말을 어떤 철학적인 주장, 예컨대 물리적 대상에 관한 어떤 진술들은 수학적 진술처럼 기능한다는 주장, 또는 "아마 그것은 나무가 아니다"라고 말하는 것은 언어의 오용이라는 주장 등이 옳음을 역설하기 위해 사용하고 있다고 **의심**해볼 수 있다. 그러나 무어 자신이 그 말로 무엇을 의미하는지가 불분명하다. 자신이 그 말을 일상적 의미로 사용하고 있지 않다는 것이 그에게조차 불분명한 것이다. 그는 일상적 의미로 그 말을 사용하는 것과 철학적인 주장을 입증하기 위해 그 말을 사용하는 것 사이의 차이점 때문에 혼동한 것이다.

토론이 여기까지 왔을 때 비트겐슈타인은 "안다"라는 말의 일상적 용법에서 "확인하기"의 의미로 말하는 것이 항상 납득할 만하다는 것이 **거짓**이라고 말함으로써 앞서 자신이 말한 것과 상반되는 결론에 도달했다.

아무런 확인이 없는 경우에도 "나는 안다"라는 말을 일상적으로 사용하는 경우가 있다. 예를 들어 "이것이 나무라는 게 확실한가?"를 묻는 장님에게 정상인이 "나는 안다"라는 말을 할 수 있는 것이다. 또한 우리가 조사를 완수했을 때에도 "나는 이제 그것이 나무라는 것을 안다"라고 말할 수 있다. 또 다른 예가 있다. 당신과 내가 숲 속을 통해 집으로 오고 있는데, 갑자기 내 앞에서 시야가 트이면서 집이 불쑥 나타난 경우 나는 "집이 있다"라고 외칠 것이다. 아직 덤불 뒤쪽에 있는 당신은 의심스럽게 "확실한 거야?"라고 물어볼 것이고, 그러면 나는 "나는 그걸 알아"라고 대답하게 될 것이다. 여기서 "나는 그걸 알아"의 사용은 자연스럽다. 하지만 그것은 또한, 내가 아무것도 거기에 집이 없다는 증거로 간주하지 않을 것이라는 '가장 엄밀한 의미에서의' 확실성의 한 사례이다.

무어는 "나는 안다"라는 표현이 언어적 소통im sprachlichen Verkehr, 즉 언어가 실제로 통용되는 '삶의 흐름 속에서' 정말로 기능을 하도록 사용된 예들을 제시했어야 했다. 그러나 그는 그런 예들을 제시하지 않고 있다. 그는 나무를 보고 "저기 나무가 있는 걸 나는 알아"라고 말하는 걸 더 선호한다. 그리고 이것은 그 자신에게 앎의 경험을 제시하고 싶어하기 때문이다.

우리는 "인간은 자기가 두 개의 손을 가졌다는 것을 안다"라고 말하고, 이 말로 그가 손을 세어야 할 필요가 없다거나 어떤 생물들은 경우에 따라 손이 사라진 데 반해 인간은 아직도 두 개가 있다는 것을 의미하고자 할 수 있다.

"지구는 백만 년 동안 존재해왔다"라는 말은 유의미하다. 그러나 "지구는 5분 동안 존재해왔다"라는 말은 난센스다. 누군가 후자는 전자에 **함의되어** 있기 때문에 유의미하고 주장한다면 어떻게 될까?

무어의 '자명한 이치들' 가운데 어떤 것은 다른 것들보다 더 터무니없지 않을까? "나는 이것이 손이라는 것을 안다"에 대한 용법을 생각하는 것은 어려운 일이 아니다. 그러나 "지구가 오랫동안 존재해왔다는 것을 안다"의 용법을 생각하는 것은 좀 더 어려운 일이다. "나는 내가 인간이란 것을 안다"는 훨씬 더 어려운 일이다. 한 문장을 이해한다는 것은 그 사용법 가운데 하나를 받아들일 준비가 되어 있다는 것이다. 만일 그 문장의 용도를 전혀 생각할 수 없다면, 우리는 그것을 조금도 이해하지 못한 것이다.

경험적 명제들이 모두 같은 논리적 지위를 가지는 것은 아니다. 우리가 그것들이 사실임을 안다고 말하는 것들 가운데 일부에 대해서, 우리는 진술이 거짓으로 판명되었다고 말해야 하는 상황들을 상상할 수 있다. 그러나 다른 일부에 대해서는 "그것은 거짓으로 판명되었다"라고 말해야 할 상황이 없는 경우도 있다. 이것은 논리적인 언급이며, 앞으로 10분 후에 말하려는 것과 아무 관계가 없다.

"나는 내가 인간이란 것을 안다", "나는 지구가 오랫동안 존재해왔다는 것을 안다"와 같은 무어의 명제들은 그것에 반대되는 증거가 있다는 것을 받아들여야 할 상황을 생각하기가 불가능하다는 특징을 가진다. 하지만 회의주의적 철학자들이 "당신은 알지 못하오"라고 말하고 무어가 "나는 압니다"라고 대답할 때, 그의 대답은 별로 쓸모가 없다. 만일 그 대답이 회의적 철학자들에게 무어가 아무런 의심도 느끼지 않는다는 점을 확신시켜주지 못한다면 말이다. 하지만 그것은 논점에서 벗어난 얘기가 된다.

이 철학자들은 **논리적인** 주장을 하고 싶어 한다. 그들은 미래의 경험에 의해 반증될 수 있다면 우리는 그것이 참이라는 것을 알지 못하는 것이라고 말하고 싶어 한다. 미래의 경험들이 논박할 수 없는 종류의 진술들도 있다. 예를 들어 감각 자료에 관한 진술과 수학적, 또는 논리적 진술 등이다. "나는 안다"를 감각 자료에 관한 진술과 함께 사용하는 것은 어리석은 일이다. 그것은 어떠한 정보도 보태주지 않는다. 하지만 수학에서는 어리석지 않다. 어떤 경험적 진술들과 수학적 진술들 사이에는 긴밀한 유사성이 있다. 즉 둘 모두 미래의 경험에 의해 논박되지 않는다는 점에서 말이다.

회의적인 철학자들은 경험적 진술에 대해 "나는 그것을 안다"와 "나는 그것을 믿고, 그것은 사실이다"가 동일하다고 말하고 싶어 한다. 그들은 **확실성**의 정도를 **확신**의 정도라고 생각한다. 그들은 무어의 "나는 절대적으로 확실하게 그것을 안다"라는 말을 극단적 확신의 표현으로 해석한다. 필요한 것은 그들에게 가장 확실성이 높은 것은 심리적인 것이 아니라 논리적인 것임을 보여주는 것이다. 즉 더 이상 "보다 확실하게 만들"거나 "거짓으로 판명되는 일"이 없어지는 지점이 있다는 것을 말이다. 어떤 경험적 진술은 이러한 속성을 가진다. 또 어떤 경험적 진술들은 다양한 방식으로 이러한 속성을 가진 진술들에 관련되어 있다. 따라서 우리는 경험적 진술에 대해 "나는 안다"라는 말을 사용하는 것을 논리적으로 정당화할 수 있다.

어린이에게 말을 가르칠 때 우리는 "나는 저것이 빨갛다고 **믿는다**"라거나 "나는 저것이 빨갛다는 것을 **안다**"라고 말하지 않는다. 그냥 "저것은 빨갛다"라고 할 뿐이다. 만일 우리의 가르침이 항상 **의심**과 더불어 표현된다면, 어린이가 과연 무엇을 배울 수 있을지 말하기는 어렵다. 확실히 어린이는 자기 의견을 **조건부로** 표현하는 법을 배우지는 못할 것이다. '빨강'이나 '의자' 같은 단어들을 배우지 못한다면 언어는 존재할 수 없다.

수학에서의 증명은 종이 위에 방정식을 쓰는 일, 그리고 한 표현이 다른 표현 속에 포함된다는 것을 보는 일들과 관련되어 있다. 하지만 만일 종이 위에 나타난 모든 표현들이 항상 의심받는다면 어떠한 증명도, 어떠한 수학도 존재할 수 없다.

때때로 나의 감각이 나를 기만하는 일이 일어날 수도 있지만 항상 그런 것은 아니다. 환각은 예외로 취급되어야 한다. 물리적 대상에 대한 판단이 거짓으로 판명되는 것도 예외로 취급되어야 한다.

'앎'과 '확실함' 사이의 차이를 발견하려는 무어의 시도는 다음과 유사하다. 즉 나는 거울 속의 비트겐슈타인을 볼 때와 거울 속의 **나 자신**을 볼 때 뭔가 다른 것을 본다고 말해야 한다는 것이다.

어떤 명제들은 나의 '준거기준frame of reference'에 속해 있다. 만일 내가 그 **명제들**을 포기한다면, 나는 **아무것도** 판단할 수 없게 될 것이다. 내가 태어나기 이전부터 지구가 오랫동안 존재해왔다는 걸 예로 들어보자. 이에 반대되는 어떤 증거가 있을 수 있는가? 무슨 문서라도 있는가?

의심, 믿음, 확실성 등은 느낌, 감정, 고통 등과 같이 독특한 얼굴 표정을 갖고 있다. 그러나 지식에는 아무런 독특한 표정이 **없다**. 의심을 나타내는 **어조**나 확신을 나타내는 어조는 있지만 지식을 나타내는 어조는 없다.(134쪽, 부기 2 참조)

위에 쓴 글은, 그중 몇몇 구절이나 문장은 비트겐슈타인이 실제 했던 말을 그대로 옮겨놓은 것일지라도 그가 말한 그대로 쓰려고 한 것은 아니다. 노트들은 매번 이야기가 끝나고 하루 이틀 뒤에 적은 것들이다. 위의 글은 몇 주일에 걸쳐 있었던 여러 토론에서 내가 들은 것을 압축해 요약한 것이다. 몇몇 생각은 나 자신의 것일 수 있지만 분명 대부분은 그렇지 않다. 이 노트들은 비트겐슈타인이 말한 모든 것은 확실히 아닐지라도 그 일부분을 상당히 정확하게 기록한 것이라고 믿는다. 그럼에도 불구하고 나는 이것들이 감히 비트겐슈타인 사상의 진본(眞本)이라고 내세울 생각이 아니라는 걸 강조하고 싶다. 그의 언급 중 하나가 당시나 지금이나 내게 특히 주목할 만한 것으로서 그리고 방대한 그의 철학을 요약해주는 것으로서 깊은 인상을 주었다. '하나의 표현은 삶의 흐름 안에서만 의미를 지닌다Ein Ausdruck hat nur im Strome des Lebens Bedeutung'라는 말이다. 비트겐슈타인은 이 아포리즘을 자기의 원고 어딘가에 적어 놓았다고 믿었고 아마도 실제 그랬을 테지만, 나는 어디에서도 그 문장을 본 일이 없다.(134쪽, 부기 3 참조)

어느 날 함께 산책하다가 비트겐슈타인은 만일 자기에게 돈이 있다면 자신의 책(《탐구》의 1부)을 등사해서 친구들에게 나누어주고 싶다고 말한 적이 있다. 그는 책이 완전히 끝난 상태는 아니지만 자기 생전에 그걸 마무리 지을 수 있다고 생각하지 않는다고 말했다. 그렇게 하면 '이것은 전적으로 옳은 건 아니다'라든지 '이건 좀 의심스럽다'와 같은 불만의 표현들을 어떤 문장 뒤에다가 괄호로 써넣을 수 있다는 장점이 있었다. 그는 자신의 책을 친구들 손에 쥐어주고 싶어 했지만 그걸 출판업자에게 넘긴다는 생각은 그 당시에는 꿈도 꾸지 않았다. 비트겐슈타인이 등사하는 것을 어떻게 생각하느냐고 물었고 나는 전혀 마음에 들지 않는다고 대답했다. 비트겐슈타인은 내 말에 화를 냈다. 그는 내가 자신의 다른 제자들처럼 그의 연구가 세상에 널리 알려지는 걸 꺼린다고 주장했다. 그렇게 되면 사람들이 나 자신의 철학적 사상들이 어디에서 온 것인지를 알게 될 것이기 때문에 꺼리는 게 아니냐는 식으로 말했다. 그러나 내가 그렇게 생각했던 것은 그가 추측한 것과는 다른 이유 때문이었다. 그보다는 그토록 중요한 책이 등사판으로 배부되는 것이 부당하다고 생각했을 뿐이다. '가죽과 금'으로 제본되어야 할 책이라고 생각했던 것이다.

비트겐슈타인은 자신의 여생을 어떻게 보내야 할지가 문젯거리라고 여러 번 내게 말했다. "세상에서 오직 하나밖에 — 다시 말해 한 가지 특정한 재능밖에 — 가진 게 없는 사람은 그 재능이 없어지기 시작하면 무엇을 해야 할까?" 하고 그는 물었다. 너무나 진지하고 침울한 표정으로 말했기 때문에, 그의 형 셋이 자살했다는 사실을 아는 나는 비트겐슈타인도 같은 일을 저지르지나 않을까 두려웠다.

그해 여름은 유난히 더워서 2층에 있는 비트겐슈타인의 방은 무척 불편할 때가 많았다. 그는 한번은 그의 창문에 친 철망이 창문으로 통하는 공기의 흐름을 어느 정도 방해한다는 것을 지적하면서, 왜 철망을 떼지 않는지 의아해했다. 나는 만일 철망을 떼면 수많은 벌레들이 들어와서 더위보다 더 불쾌할 거라고 대답했다. 비트겐슈타인은 이 말을 의심했다. 영국과 유럽 대륙에서는 보통 창문에다 망을 치지 않는다는 것이었다. 나는 미국에는 벌레들이 더 많다고 대답했지만, 그는 이 말을 믿지 않았다. 그러고는 그날 산책을 나갔을 때 다른 집들도 창문에 망을 쳤는지 보려고 수많은 집들을 주의해서 보았다. 모든 집에 망을 쳤다는 것을 발견했지만, 정말 이상하게도 비트겐슈타인은 그렇게 한 합리적인 이유가 분명히 있을 거라고 추론하는 대신 약간 짜증스러운 어조로 미국인들은 창문 망의 필요성에 대한 경솔하고 만연된 편견의 희생자들이라고 결론지었다!

비트겐슈타인은 우리 집에 머물던 후반기에 매우 심하게 앓게 되었다. 그는 두 어깨에 고통스러운 활액낭염이 생겨서 잠을 잘 수 없었고 극히 쇠약해졌다. 의사는 정밀하게 검사를 하기 위해 이틀 동안 병원에서 지내도록 조처했다. 병원으로 가기 바로 전날 비트겐슈타인은 앓고 있었을 뿐만 아니라 또한 두려워하고 있었다. 전에 아버지가 암으로 돌아가셨다고 내게 말한 적이 있었고, 게다가 그가 가장 좋아하는 누나도 몇 차례의 수술에도 불구하고 같은 병으로 죽어가고 있었다. 비트겐슈타인은 암에 걸렸다고 밝혀질까 봐 두려워한 것이 아니라(이에 대해서는 그는 각오가 되어 있었다), 수술하기 위해 입원해야 할지도 모른다는 것 때문에 두려워했다. 수술에 대한 그의 두려움은 거의 공포에 가까웠다. 그가 두려워한 것은 수술 자체가 아니라 단지 죽음을 지연시키기 위해 누워 지내야 하는 환자가 될지도 모른다는 생각이었다. 또 의사들이 10월에 영국으로 돌아가는 걸 만류할지도 모른다면서 몹시 걱정했다. 그는 이미 표를 예약해놓고 있었다. "난 미국에서 죽고 싶지 않아. 난 유럽 사람이야. 유럽에서 죽고 싶어!" 하고 흥분해서 중얼거리다가 "여기에 오다니 바보 같은 짓이었어!" 하고 외쳤다.

하지만 그는 꽤 밝은 기분으로 병원에서 돌아왔다. 검사에서는 별다른 심각한 증세가 없는 것으로 나타났다(비록 그해 가을 암이라는 것이 뒤늦게 밝혀졌지만). 따라서 이제 병원에 붙잡혀 있어야 한다거나 영국으로 떠나는 걸 연기해야 한다는 두려움은 없어졌다. 그렇게 극도로 쇠약한 상태로 그가 어떻게 여행을 할 수 있을지 알 수 없었다. 그러나 배로 떠나기 전 2주 동안 그는 놀라울 정도로 기운을 회복했다.

비트겐슈타인의 마지막 날들
1949.10.~1951.4.

비트겐슈타인은 10월에 영국으로 돌아갔다. 12월 초 나는 케임브리지에서 보낸 그의 편지를 받았다.

방금 의사에게 진단을 받았는데 전립선암에 걸렸다고 하더군. 병의 증세를 완화시키는 약(실제로는 무슨 호르몬이야)이 있어서 몇 년 동안 더 생존**할 수** 있다고 하는데 어떤 면에서 이 얘긴 실제보다 훨씬 안 좋은 소리로 들려. 심지어 의사는 내가 다시 연구할 수 있을지도 모른다고 하더군. 하지만 나는 그럴 거라고는 생각하지 않네. 나는 암에 걸렸다는 말을 들었을 때 전혀 놀라지 않았지만, 암에 대한 대응법이 있다는 말을 듣고는 **깜짝 놀랐지**. 왜냐하면 나는 더 살고 싶지 **않기** 때문이야. 하지만 내 소원대로는 안 될 것 같아. 모두가 나를 친절하게 대해주고 있는데, 아주 친절하지만 그렇다고 바보도 아닌 의사를 만났거든. [44]

며칠 후 그는 내게 부탁했다. "**어떤 경우에도** 아직 내용을 모르는 **누구에게도** 내가 무슨 병에 걸렸는지 알리지 말아주게. […] 이건 내게 매우 중요한 일이야. 왜냐하면 크리스마스를 보내기 위해 빈에 가려고 하는데, 가족에게 진짜 병명을 알리고 싶지 **않으니까**."[45]

비트겐슈타인은 12월에 비엔나로 가서 3월 말까지 머물렀다. 그는 1월에 쓴 편지에서 자신은 매우 잘 지내며, 조금도 우울하지 않다고 말했다. 그는 자기 병이 미국에서 정확히 진단되지 않은 것이 얼마나 다행인지 모르겠다는 말을 했다. 그러고는 덧붙였다.

> 내 머리는 요즘 매우 둔하게 돌아가지만, 별로 신경 쓰지 않네. 나는 여러 잡다한 것들, 예를 들어 괴테의 색채 이론 Theory of colour 같은 걸 읽고 있어. 이 책은 그 황당함에도 불구하고 매우 흥미로운 점들이 있어서 내 생각을 자극하지. […] 생각이 충분히 명료하지 않아서 아무것도 못 쓰고 있다네. 그렇다고 문제 되는 건 아니지만. [47]

비트겐슈타인은 1950년 4월 영국으로 돌아왔다. 옥스퍼드에서 존 로크 강의를 해달라는 요청을 받았는데 강의료로 200파운드를 준다고 했다. 그러나 청중이 200명이나 되기 때문에 어떤 토론도 있을 수 없는 극히 형식적일 수밖에 없는 강의였다. 그는 이 초청을 거절했다. "대규모 청중에게 하는 공식적인 강의를 통해서 사람들에게 뭔가 도움을 줄 수 있으리라곤 생각하지 않는다"라고 그 이유를 내게 말했다. 그해 봄 나는 록펠러 재단 이사인 채드본 길패트릭Chadbourne Gilpatrick을 끌어들여, 비트겐슈타인이 연구비를 지원받을 수 있는 가능성을 확보했다. 비트겐슈타인에게 이를 알리니 그는 내게 답장을 보내 그런 일에 신경 써주어 고맙다는 말을 한 뒤 다음과 같이 덧붙였다.

다른 사람들에게 짐이 되지 않으면서 그리고 내가 자연스럽게 하고 싶을 때 철학을 하면서 좋아하는 곳에 살 수 있다는 건 생각만으로도 물론 즐거운 일이야. 철학을 하고 싶어 하는 사람이라면 누구나 그렇게 생각하겠지. 하지만 나는 록펠러 재단 이사가 나에 관한 진실을 완전히 알지 못하는 한 그 돈을 받을 수 없네. 진실을 말하자면 이렇네. (a)나는 1949년 3월 초 이후 어떤 연구도 지속적으로 잘할 수 없었다. (b)그 이전에도 내가 **제대로** 연구할 수 있었던 기간은 1년에 예닐곱 달 정도였다. (c)점점 나이가 들면서 나의 생각은 뚜렷하게 힘을 잃었으며 명료해지는 적이 더 줄었고 요즘은 무척 쉽게 피곤해진다. (d)가벼운 만성 빈혈 때문에 건강이 다소 약해졌고 이 때문에 나는 병에 전염되기 쉽다. (e)비록 정확하게 예측하는 것은 불가능한 일이지만 나의 마음은 결코 과거처럼, 가령 14개월 전처럼 활기차게 움직이지 못할 것 같다. (f)나는 생전에 출판할 수 있다는 약속은 할 수 없다. 살아 있는 한, 그리고 내 정신 상태가 허락하는 한 나는 자주 철학적 문제들에 대해 생각할 것이며 그것들에 대해 쓰려 할 것이라고 믿고 있어. 또한 지난 15년 내지 20년 동안 쓴 글 대부분이 출판되면 사람들의 관심을 끌 것이라고 보네. 그럼에도 불구하고 내가 생산**하려는 모든 것**이 지루하고 독창성이 없으며 흥미 없는 것이 될 가능성도 확실히 존재해. 젊은 시절 탁월한 연구를 했던 사람들 가운데 나이 들어서 아주 **형편없는** 성과를 내는 경우가 많이 있으니까.

이것이 내가 말할 수 있는 전부라네. 나는 자네가 이 편지를 내 문제로 접촉했던 그 재단 이사에게 보여주어야 한다고 믿어. 거짓된 가장으로 연구비를 받을 수 없다는 것은 분명해. 그리고 자네가 무의식적으로 내 사정을 너무 장밋빛으로 설명했는지도 모르니까. [50]

1950년에 얼마간 비트겐슈타인은 옥스퍼드에 있는 앤스콤 양의 집에서 살았다. 7월에 그는 "나는 철학 토론은 거의 안 하고 있어. 원한다면 학생들을 볼 수는 있지만 그러고 싶지 않아. 온갖 종류의 불명확한 생각들이 나의 낡은 머릿속을 맴돈다. 이런 불만스런 상태로 영원히 남아 있을 것만 같아"라는 편지를 보내왔다. 바우스마와 그의 가족은 옥스퍼드에서 그해를 보냈다. 비트겐슈타인은 그들을 자주 방문했고 바우스마 부인이 집에서 만든 애플 소스를 즐겨 먹었다. 내게 보낸 한 편지에서 그는 철학 연구를 할 수 없다고 말했다. "난 그저 철학자와 애플 소스를 함께 먹을 수 있을 정도로만 건강할 뿐이야."

1950년 가을 비트겐슈타인은 친구와 함께 5주 동안 노르웨이 여행을 떠났는데, 그 친구는 이 기간 동안 두 번이나 기관지염을 앓았다고 했다.

그렇게 문제가 끊이지 않아서 […] 연구를 하려고 했지만 전혀 할 수 없었어. 조만간 노르웨이로 돌아가서 연구를 해봐야 할지도 모르겠네. 거기야말로 진짜로 조용히 지낼 수 있는, 내가 아는 유일한 장소니까. 물론 더 이상 괜찮은 연구를 할 수 없는 건지도 모르지만, 그런지 안 그런지를 확인해볼 가치는 분명히 있을 거야. [52]

비트겐슈타인은 그 후 노르웨이에 있는 한 친구의 농장에서 겨울을 지내려고 12월 30일에 떠나는 배표를 예약해두었지만 아파서 여행을 취소해야 했다는 편지를 보내왔다. 1951년 1월 그는 록펠러 재단의 길패트릭이 다녀갔다는 편지를 보냈다.

몇 달 전에 자네에게 쓴 편지 내용을 말해주었지. 즉 현재의 건강 상태와 지적인 아둔함을 고려했을 때 기금을 받을 수 없다고 말이야. 그러나 가능성은 없지만, 내가 언젠가 다시 가치 있는 철학 연구를 할 수 있다는 걸 알게 된다면 그에게 편지를 쓰겠다고 말했네. 그리고 우리는 우호적인 분위기에서 헤어졌다네.

그리고 그는 계속해서 옥스퍼드는 '철학의 사막지대'라는 말을 했다(비트겐슈타인은 또한 옥스퍼드의 철학 서클들을 가리켜 '인플루엔자 지대'라고 했는데, 이 말이 몇몇 옥스퍼드 교수들의 감정을 상하게 했다는 얘기가 있다). 그는 이렇게 덧붙였다. "나의 정신은 완전히 죽어버렸어. 그렇다고 불평하는 건 아니야. 왜냐하면 그것 때문에 고통스럽지는 않으니까. 인생은 결국 한 번은 끝나야 하는 것이지. 그리고 정신적인 생명은 육체적인 생명보다 먼저 끝날 수도 있는 거고." [54]

이 편지를 보내고 얼마 안 있어 비트겐슈타인은 주치의인 베번 Edward Bevan 박사 집에 머물기 위해 케임브리지로 갔다(베번 박사로부터 처음 암이라는 사실을 알았을 때 비트겐슈타인은 병원에서 임종을 맞아야 한다는 것에 대해 극도의 혐오감을 보이며 두려워하기까지 했다. 그러자 베번 박사는 자기 집에 와서 임종을 맞아도 된다고 말했다. 비트겐슈타인은 이러한 놀라운 제안에 깊은 감사를 표명했다). 그는 앞서 옥스퍼드에 있을 때 크게 앓았지만 당시에는 훨씬 나아져 있었다. 비록 여전히 상태는 좋지 않았지만, "현재로서는 연구에 대해 생각조차 할 수가 없어. 하지만 그건 별 문제는 아니야. 오직 내가 너무 오래 살지 않기만을 바랄 뿐! 나는 별로 우울하진 않아."[55] 그는 죽을 때까지 베번 박사 집에 머물렀다. 3월에 그는 기분이 훨씬 좋아졌고 거의 아무런 고통도 느끼지 않는다고 편지에 썼다. "물론 나는 매우 쇠약해졌고, 시간이 지난다고 상태가 호전되지 않으리란 것도 분명해 보여. 자네가 1952년 가을에 케임브리지에 올 때까지 내가 지구 위에 존재할 것이라고는 상상할 수 없네. 하지만 모를 일이지. 그런데 나는 조금도 우울하지가 않아." 이 편지에 앞서 두 달 전에 그는 영Desmond Young 준장이 쓴 롬멜Erwin Rommel의 전기를 나에게 보내주었는데 같은 편지에서 이어서 이렇게 말했다. "자네가 롬멜 책을 좋아한다니 기쁘군. 나는 최근에 그 책을 다시 읽었는데, **품위 있는** 글쓰기 방식에 거듭 깊은 인상을 받았네. 그런 책은 아주 드물지."[56]

내가 비트겐슈타인에게서 받은 마지막 편지는 그가 세상을 떠나기 13일 전에 쓴 것이었다.

내게 이상한 일이 일어났어. 약 한 달 전에 갑자기 나 자신이 철학을 하기에 적합한 마음 상태에 있다는 것을 발견했거든. 다시는 철학을 할 수 없으리라고 **절대적으로** 확신해왔는데 말이야. 내 머릿속의 커튼이 걷힌 것은 거의 2년 만에 처음이었어. — 물론 지금까지 단지 5주 동안만 연구했을 뿐이고 내일쯤이면 끝날지도 모르지. 하지만 그게 지금은 나를 기운 차리게 한다네.

그는 또 "끊임없이 좋았다 나빴다를 반복하는 병약함을 빼면 요즘은 기분이 매우 좋아"라고 말했다. [57]

비트겐슈타인이 베번 박사 집으로 왔을 때, 베번 부인은 처음엔 그를 무서워했지만 곧 헌신적으로 그를 보살펴주었다. 그들은 자주 함께 산책을 했다. 베번 부인이 내게 말한 바로는 사소한 일에 이르기까지 비트겐슈타인의 영향은 지대한 것이 되었다고 한다. 한 예로 베번 부인이 파티에 입고 갈 코트를 하나 새로 샀는데 집을 나서기 전에 비트겐슈타인에게 옷을 보여주려고 갔었다. 그러자 비트겐슈타인이 꼼꼼히 살펴보고는 독단적인 말투로 "잠깐만!" 하더니 가위를 들고 와서 주인에게 허락도 구하지 않고서 커다란 앞단추 몇 개를 잘라냈다. 그런데 베번 부인은 그렇게 된 코트가 더 마음에 들었다!

비트겐슈타인은 매우 기분이 좋아져서 무섭게 일을 했다. 그는 베번 부인에게 "커튼이 걷혔을 때, 전에 한 번도 일해본 적이 없었던 사람처럼 일할 겁니다!"라고 말했다.

4월 27일 금요일 오후에 비트겐슈타인은 산책을 했다. 그날 밤 그의 병세는 몹시 심각해졌다. 그의 의식은 또렷했고, 의사가 앞으로 며칠밖에는 살 수 없다고 알려주자 그는 "좋습니다!"라고 말했다. 혼수상태에 빠지기 전 그는 베번 부인(그녀는 밤새도록 그의 곁을 지켰다)에게 "그들에게 나는 멋진 삶을 살았다고 전해주시오!"

라고 말했다. '그들'이란 의심할 여지 없이 그의 가까운 친구들을 가리키는 말이었다. 그의 심각한 비관주의, 정신적 도덕적 고통의 강도, 자신의 지적인 힘을 몰아붙이는 무자비한 방식, 그리고 사랑을 기부했던 엄격함과 사랑을 필요로 했던 그를 생각할 때, 나는 자꾸 그의 삶이 지독하게 불행했다는 믿음을 갖게 된다. 그러나 인생의 마지막에서 바로 비트겐슈타인 자신은 그것이 '멋진' 삶이었다고 소리쳐 말했다! 나는 이것이 신비롭고도 이상하게 감동적인 말로 느껴진다.(135쪽, 부기 4 참조)

부기(1983)

1. (95쪽) 비트겐슈타인이 '종교적인 사람'이었느냐의 여부는 내가 〈회상록〉을 쓸 당시에 인식했던 것보다 훨씬 어려운 문제라고 생각한다. 당시 나는 엄격하게 철학적인 저작에 속하지 않는, 다양한 주제에 관한 방대한 양의 논평들이 적힌 노트들에 대해 알지 못했다. 이 논평들은 예오리 헨리크 폰 브릭트가 수집하였다. 이 가운데 일부를 폰 브릭트와 헤이키 뉘만Heikki Nyman이 공동 편집하여 《기타 노트들 Vermischte Bemerkung》(Suhrkamp Verlag, Frankfurt am Main, 1977)이라는 제목으로 처음 출간했고, 이 책의 개정판이 피터 윈치Peter Winch의 영역으로 《문화와 가치 Culture and Value》(Blackwell, Oxford, 1980)라는 제목으로 출간되었다.

논평 대다수는 종교에 **관한** 것들이다. 하지만 일부는 **종교적인 사색**으로 간주될 수 있다. 예를 들어 비트겐슈타인은 1937년에 이렇게 썼다.

기독교는 교리가 아니다. 즉 인간의 영혼에 일어날 일과 일어날 일들에 관한 이론이 아니고, 인간의 삶에서 실제로 일어나는 것들을 기술한 것이다. 왜냐하면 '죄의식'은 실제로 발생하는 사건이며, 절망도 그렇고 신앙을 통한 구원도 마찬가지이기 때문이다. 그런 것에 관해서 말하는 사람들은(예를 들면 버니언Bunyan) 그저 그들에게 일어났던 것을 기술하고 있을 뿐이다. 누군가가 그것을 어떻게 치장하고 싶어 하건 간에 말이다.(《문화와 가치》, 28쪽)

1944년에는 이렇게 썼다.

기독교는 무한한 도움을 필요로 하는 사람들, 즉 무한한 고뇌를 느끼는 이들을 위한 것이다. 온 세상이 **하나의** 영혼보다 더 큰 고통을 겪을 수는 없다. 기독교적 믿음은 — 내가 보기에는 — 이러한 **궁극적** 고통 속으로의 도피이다. 이러한 고뇌 속에서 움츠리는 대신 자신의 마음을 열 수 있는 사람은 마음속에서 구원의 의미를 받아들인 것이다.(위의 책, 46쪽)

1946년에는 이렇게 썼다.

기독교가 말하는 것들 중의 하나는, 완벽한 교리들이란 모두 쓸모없으며 우리의 **삶**(또는 삶의 **방향**)을 바꿔야 한다는 것이라고 나는 믿는다. 기독교는 지혜란 모두 차가운 것이며, **차가운** 쇠를 단련할 수 없듯이 지혜로는 삶을 올바르게 만들 수 없다고 말한다. 요점은 어떤 올바른 교리가 우리를 **지배할** 필요가 없다는 것이다. 우리는 그것을 마치 의사의 처방을 따르듯이 따를 수 있다. 그러나 여기서 우리는 우리를 사로잡아서 새로운 방향으로 전환시키는 무언가를 필요로 한다(즉, 나는 이것을 이렇게 이해한다. 일단 전환이 이루어지면, 우리는 그 상태를 유지해야 한다). 지혜에는 열정이 없다. 그러나 이와 대조적으로 신앙은 키르케고르가 일종의 **열정**이라고 부른 것이다.(위의 책, 53쪽)

비트겐슈타인의 종교적 관념과 정서의 또 다른 중요한 정보 출처는 드루어리가 비트겐슈타인과 나눴던 대화에 대해 쓴 설명이다(러시 리스Rush Rhees가 편집한 《비트겐슈타인 회고집*Recollections of Wittgenstein*》, Oxford University Press, 1984에 수록). 한번은 비트겐슈타인이 드루어리에게 오스트리아의 옛 친구인 어느 사제에게 받은 편지에 대해 말했다고 한다.

편지에서 그는 그것이 신의 뜻이라면 나의 연구가 잘되길 바란다고 썼다. "그것이 신의 뜻이라면" 그것이야말로 지금 내가 원하는 전부다. 바흐는 그의 《오르간 소책자*Orgelbüchlein*》의 표지에 이렇게 적었다. "가장 높은 신의 영광을 위하여, 내 이웃이 그에 의해 혜택을 받을 수 있기를." 그것이 내가 나의 연구에 대해 말하고 싶었던 것이다.(《비트겐슈타인 회고집》, 168쪽)

드루어리에게 자신의 철학적 연구에 대해 말할 때 비트겐슈타인은 "나는 종교적인 사람은 아니지만 모든 문제를 종교적 관점에서 바라보지 않을 수 없네"라고 말했다. 드루어리는 (내 생각엔 올바르게도) 그러한 언급이 "비트겐슈타인 사상에서 아직까지도 대체로 무시되고 있는 차원은 없는지에 대한" 문제를 제기한다고 보았다.(위의 책, 79쪽)

나는 여기에 비트겐슈타인이 쓴 종교적 색채가 짙은 여러 생각들과 언급들 가운데 몇 사례를 인용했다. '종교적인 사람'이라는 게 '종교적인 삶'을 사는 것을 의미한다면, 그는 종교적인 사람은 아니었다고 생각한다. 하지만 그는 종종 심각하게 그런 삶을 산다는 게 무엇을 의미하는 것인지를 숙고했다. 그는 자신의 성품에 환멸을 느꼈고, 스스로를 허영심이 강하고, 비겁하고, 불성실하다고 여겼다. 때때로 그는 다른 사람들이라면 종교적인 삶으로 이끌었을 법한 고뇌에 빠졌다. 아마도 그는 새로운 방향으로 삶을 '전환할' 수 있으리라는 희망을 품지 않았을 것이다. 아마도 그는 '자신의 마음을 열' 수 없다고 느꼈거나 혹은 열려고 하지 않을 거라고 느꼈을 것이다. "내가 심판을 받을 때 역겨운 인간으로 판명나지 않기를"[3]이라고 내게 편지를 보냈을 때처럼, 때로 그는 최후의 심판의 공포를 느꼈다.

따라서 만일 비트겐슈타인이 종교적인 사람이 아니었다고 말하는 게 옳다면, 자신과 인류에 대한 그의 성찰, 심지어 강도 높은 철학적 연구의 목적에 관한 성찰들을 종교적인 성격의 사유와 감정이 관통하고 있다는 사실도 함께 고려되어야 한다.

2. (120쪽) 1958년《회상록》이 출간되자마자 나는 비트겐슈타인이 1949년 여름 이타카에서 나와 했던 토론들의 주제에 관해 광범위하게 썼다는 것을 알게 되었다. 이것들 중 일부는 철하지 않은 종이에 날짜도 없이 기록되었다. 나머지는 날짜가 포함된 작은 공책에 기록되었다. 분명히 이 모든 자료들은 비트겐슈타인이 죽기 전 1년 반 동안 쓴 것이다. 그는 이것을 수정하거나 다듬을 기회를 갖지 못했다. 마지막 기록은 1951년 4월 29일 죽기 이틀 전의 것이다.

이 저작은 1969년에《확실성에 관하여 On Certainty (Über Gewissheit)》라는 제목으로 출판되었다. G.E.M. 앤스콤과 폰 브릭트가 편집하고 데니스 폴Denis Paul과 앤스콤이 영어로 번역했다(Blackwell, Oxford, 1969).

《확실성에 관하여》는 비트겐슈타인의 사유의 참신함을 잘 보여주는 사례이다. 확실성과 지식의 개념은 철학의 역사에서 상당히 많이 연구되었다. 비트겐슈타인은 이 개념을 바라보는 전적으로 새로운 방식을 제시했다.

《확실성에 관하여》와 우리가 이타카에서 대화하면서 그가 처음으로 정식화하기 시작한 관념들 사이에는 놀라울 정도의 유사성이 있다. 하지만 비트겐슈타인이 기록한 논평들은 이러한 주제를 우리의 대화에서 다루지 않았던 사유의 지점까지 밀고 나간 것이었다.

3. (121쪽) 1949년 봄에 비트겐슈타인이 쓴 원고 가운데 이런 문장이 있다. "단어는 삶의 흐름 속에서만 의미를 가진다 Nur im Fluss des Lebens haben die Worte ihre Bedeutung." 이 문장은 폰 브릭트와 헤이키 뉘만이 편집하고 루크하르트 C.F. Luckhardt와 아우에 M.A.E. Aue가 번역한 《심리철학에 관한 마지막 연구 Last Writings on the Philosophy of Psychology》라는 비트겐슈타인의 글을 모은 책의 118쪽에 나온다 (Blackwell, Oxford, 1982).

4. (131쪽) 나는 비트겐슈타인의 삶이 '지독하게 불행했다'는 나의 언급에 대해 다시 생각해보게 되었다. 우선 그는 많은 친구들이 있었다. 그들은 단지 그를 상찬하기만 한 것이 아니라 사랑했던 것이다. 그리고 그는 그들의 진정한 친구였다. 항상 건강과 안녕을 염려했다. 이런 우정은 확실히 그의 삶을 풍성하게 한 원천이었다.

다음으로 그는 오랜 기간 강도 높은 지적인 작업에 몰두했다. 1929년에서 1951년 사이에 작성한 노트, 원고, 및 타이프 원고를 모두 합치면 3천 페이지에 달했다. 이 방대한 자료 가운데는 위대한 힘과 아름다움을 가진 수많은 사유들이 있었다. 그의 저작은 모든 곳에 독창성과 사유의 전환과 현란한 비유의 스탬프가 찍혀 있었다. 대체로 그는 자신의 글에 만족하지 못했다. 그럼에도 그는 계속해서 새로운 통찰에 도달했고, 서로 다른 생각들 사이에서 연관성을 발견했고, 잘못된 유비를 찾아냈으며, 수세기 동안 철학자들을 괴롭힌 문제들을 공략하는 새로운 방법을 고안해냈다. 나는 이러한 창조와 발견의 행위가 그에게 즐거움을 가져다주지 않았으리라고는 믿을 수 없다. 비록 그가 항상 필요한 바에 미치지 못했다고 느꼈을지라도 말이다. 1943년 내게 보낸 편지에서 그는 철학 연구가 "나에게 만족을 주는 유일한 작업이네. 다른 일에는 흥미가 느껴지지 않아"[7]라고 썼다. 1931년 원고에서는 "나의 사유의 즐거움은 나 자신의 기이한 삶의 즐거움이다 Die Freude an meinem Gedanken ist die Freude an meinem eigenen seltsamen Leben"라고 썼다. 따라서 비록 고통스런 삶이었지만 또한 즐거움도 많았고, '멋진' 것들도 많았다.

3부 비트겐슈타인이 노먼 맬컴에게 보낸 편지들

　나는 비트겐슈타인으로부터 1940~1951년 사이 11년간 57통의 편지를 받았다. 편지는 전문을 실었으나 혹시 있을지 모르는 인격 침해나 당혹스런 사태를 방지하기 위해 몇 명의 이름은 생략했다(△△△ 등으로 표시). 3통의 편지는 내 아내에게 온 것이고, 4통은 우리 모두에게 온 것이다. 나는 연대순으로 편지에 번호를 매겼고, 어떤 경우는 말미에 설명을 덧붙였다.
　1936~1938년간 나는 하버드 대학교 철학과의 대학원생으로 있었다. 나는 무어 교수에게 배우기 위해 케임브리지 대학교에서 그 다음 해를 보내는 데 대해 철학과의 허가를 받았다. 나는 1938년 가을에 그곳에 도착했고 무어 교수는 하버드에 제출할 내 박사 논문을 지도해주기로 동의했다. 나는 무어의 철학 저술을 찬미하는 사람이었다. 특히 네브래스카 대학교에서 학생 시절 우츠 바우스마가 소개해준 이래 그의 《철학적 연구들 Philosophical Studies》에 실린 에세이들을 높이 평가해왔다. 비트겐슈타인에 대해서는 아는 바가 없었다. 하버드에서 그는 빈학파의 정신을 이끄는 신비로운 인물로 간주되었고 또한 철학에 위험한 허무주의적 영향력을 행사하는 것으로 여겨졌다. 그가 《논리철학논고》의 저자라는 사실은 알려졌지만 당시 하버드에서 그 책은 연구되지 않았다. 비트겐슈타인에

대한 하버드의 태도는 다음의 일화에서 일부 드러난다. 영국으로 출발하기 전에 나는 논리학자인 헨리 셰퍼Henry Sheffer에게 작별 인사를 하러 갔다. 그는 내게 놀리는 투로 말했다. 비트겐슈타인을 만났을 때에는 공손히 절하면서 "오직 하나의 동어반복만 있으며, 비트겐슈타인은 그 예언자입니다!"라고 큰 소리로 외쳐야 한다고 말이다.

비트겐슈타인에 대한 나의 첫 관찰은 〈회상록〉에 기록되어 있다. 나는 1939년 학기 내내 그의 강의와 토론에 참석했고 우리는 친구가 되었다. 1940년 2월 나는 미국으로 돌아왔고 그와 편지를 교환했다.

1

트리니티 칼리지
케임브리지
1940년 3월 26일

친애하는 맬컴,

자네의 편지와 잡지[1]는 하루 이틀 전 동시에 여기 도착했네. 헤이스팅스로의 주말 소풍에서 돌아오자마자 오늘 여기서 확인했지. 정말 고맙네! 틀림없이 내용이 훌륭할 테지. 나의 비판적인 눈은 읽어보지 않고도 알 수 있다네. 왜냐하면 내 비판적인 눈은 엑스레이 같아서 2쪽부터 4000쪽까지 꿰뚫어볼 수 있으니까. 사실 나는 모든 걸 그런 식으로 배웠지. 이제는 더 부담 갖지 않아도 되네! 한 달에 잡지 한 권이면 **충분하니까**. 더 많이 보낸다면 철학은 어느 세월에 하겠나. 그리고 나한테 보낼 잡지 사는 데 돈 낭비하지 말고, **자네 먹는 거나 충분히 사 먹게**! 스마이시스가 무조건 면제를 받았다는 소식을 전하게 되어 기쁘군.[2] 내일 만나면 자네 안부를 전해줄게. 그리고 내일 스마이시스가 자네에게 안부를 전할 걸 내가 아니까 미리 그 안부를 전해주지. 이번 학기 내 강의는 그럭저럭 잘되고 있어. 다음 학기에 너무 나빠지지 않기를 바라고 있지. 지금 약간 피곤하군. 자네가 함께 살 친절한 사람들을 만났다니 아주 기쁘네.[3] 멋지고 훌륭한 생각들이 많이 떠오르길 바라네.

자네의 다정한,
루트비히 비트겐슈타인

1. 비트겐슈타인은 단편 추리소설을 좋아했다. 특히 미국의 스트리트앤스미스 사가 발행하는 탐정소설 잡지에 실린 소설을 가장 좋아했다.
2. 1939년 2차 대전이 시작됐다. 비트겐슈타인의 학생이자 그와 나의 가까운 친구였던 요릭 스마이시스는 양심적 병역거부자로 징병이 면제되었다.
3. 1940년 봄 히비드로 돌아갔을 때 나는 돈도 직업도 없었다. 루이스C.I. Lewis 교수 부부는 관대하게 내가 박사학위를 마칠 때까지 몇 달간 함께 살도록 초대했다.

2

트리니티 칼리지

케임브리지

1940년 5월 29일

친애하는 맬컴,

잡지를 보내줘서 고맙네. 그 잡지는 훌륭하지만 물론 '탐정소설 Detective Story' 잡지만큼 훌륭하지는 않아. 왜 좋고 오래되었으며 완전히 신뢰할 만한 물건 대신에 새로운 걸 보냈는지 이해되지 않는군.[1] ― 이번 학기 나의 강의는 그렇게 나쁘지는 않아. 지난 주 나는 '집 모임'을 했는데, 앞으로 정기적으로 집 모임을 가질 생각이야. 왜냐하면 사람들이 자신이 느끼는 불안에도 불구하고 계속해서 어떤 종류의 근사한 사유를 하게 되면 그것으로 사람들이 조금은 안정을 얻을 수도 있겠다고 보이기 때문이지. 물론 사람들이 오지 않게 된다면 그걸로 그만인 거고. 스마이시스는 아직도 케임브리지에 있다네. 나로서는 반가운 일이지. 무어[2]는 요새 별로 좋아 보이지는 않아. 오늘 아침에 봤는데 평소처럼 친절했었지.

행운을 비네!

자네의 다정한,

루트비히 비트겐슈타인

1. 분명히 나는 다른 브랜드의 탐정 잡지를 보냈었다.
2. G.E. 무어 교수.

3

트리니티 칼리지

케임브리지

1940년 6월 22일

친애하는 맬컴,

5월 31일자 편지와 우표 고맙게 받았네. 아주 유용할 것 같구먼. 박사학위 받은 걸 축하하네! 그리고 이제 자네가 그것을 잘 활용하길 바라네. 무슨 말인가 하면 자네 자신 또는 학생들을 기만하는 일이 없기를 바란다는 얘기야. 왜냐하면 내가 아주 많이 틀리지 않는다면, 사람들은 자네가 **그렇게 하기**를 기대할 것이기 때문이지. 그리고 그 기대에 따르지 않는다는 건 **매우** 힘든 일이라는 게 사실이네. 어쩌면 불가능할 수도 있지. 그런 경우에는 일을 **그만둘** 힘을 가지기를 바라네.

이걸로 오늘의 설교는 끝. — 나는 요즘 걱정이 많아. 스키너[2]는 약 한 달 전에 '선열'이라는 병에 걸려서 이제야 겨우 천천히 회복 중이야. — 며칠 전 무어를 봤는데 건강하더군. 정신도 멀쩡하고. 나는 몇 주 동안 계속 연구하는 게 거의 불가능한 것 같아. 그래서 루이[3]와 약속했지. 수학의 기초와 7와 유사한 주제에 대해 매일 한두 시간씩 얘기해주기로 말이야. 그건 루이에게 해가 되지 않고, 나에겐 도움이 될 거야. 지금으로선 그것만이 내 두뇌가 조금이라도 움직일 수 있는 방법이니까. 유감스런 일이긴 하지만 사실이 그렇다네. 스마이시스는 대학을 떠났어. 그 친구가 어디 있는지 정확히는 모르지만 조만간 소식을 들었으면 좋겠군.

· 내가 심판을 받을 때 역겨운 인간으로 판명나지 않기를.[4]

좋은 생각(반드시 똑똑할 필요는 없어)을 많이 하고, 쉽게 밑천이 드러나지 않는 고귀함을 간직하길 바라네.

자네의 다정한,

루트비히 비트겐슈타인

만약 내가 자네에게 편지를 쓰는 걸 스키너가 안다면, 그도 자네에게 안부를 전하길 바랄 거야. 그래서⋯⋯⋯⋯⋯⋯⋯⋯⋯⋯⋯

---

1. 나는 비트겐슈타인에게 1940년 6월 하버드에서 박사학위를 받았다는 것을 알렸다.
2. 프랜시스 스키너Francis Skinner는 케임브리지의 수학과 학생이었다. 그는 몇 년간 비트겐슈타인의 강의를 들었다. 내가 1939년 스키너를 만났을 때 그는 수학의 길을 포기하고(아마도 비트겐슈타인의 영향 때문에) 케임브리지 공구 회사에서 일하고 있었다. 어쩌면 그는 비트겐슈타인의 가장 가까운 친구였을 것이다. 그들은 주말에 오랜 시간 함께 산책했고 때로 휴가를 함께

지냈다. 한 번은 노르웨이에서, 다른 한 번은 아일랜드에서. 1941년 스키너의 급작스런 병사는 비트겐슈타인에게 엄청난 충격을 주었다.
3. 캐시미어 루이. 케임브리지 철학과 연구 학생이자 나의 친구. 나중에 그는 케임브리지 대학교의 강사이자 트리니티 칼리지의 펠로가 되었다.
4. 이 언급은 이전 혹은 이후의 편지 가운데 어떤 맥락을 지칭하지 않는다. 현세의 재판이나 검사를 의미하지도 않는다. 내가 볼 때 "최후의 심판 날 내가 심판을 받을 때"를 의미하는 것 같다.

4

트리니티 칼리지
케임브리지
1940년 10월 3일

친애하는 맬컴,

  9월 6일자 편지 잘 받았네. 소식을 들으니 반갑군. 탐정 잡지를 보내주면 좋을 것 같네. 요즘엔 도무지 그걸 구할 수가 없어서 말이야. 마치 정신이 영양부족 상태에 빠진 것처럼 느껴져. — 사실 올 여름은 대체로 상태가 영 안 좋아. 부분적으로는 건강이 나빠서 그렇고, 부분적으로는 나의 두뇌가 전혀 좋지 않아서 그런 것 같아. 일을 할 수가 없군. 지금은 기분이 좀 나아졌네. 다시 말해 건강은 **전적으로** 좋아졌고, 정신은 약간 더 활동적으로 된 것 같아. 하지만 그게 얼마나 갈지는 신만이 알 거야. 특히 대학 일이 잘 되길 바라네.[1] 자신을 속이려는 유혹이 **엄청나게** 커질 거야(자네가 유독 그렇다는 건 아니고 그와 같은 위치에 있는 누구나 마찬가지일 걸세). **오로지 기적에 의해서만** 철학을 가르치면서도 고귀한 일을 할 수 있을 것이네. 내가 지금까지 했던 말을 다 잊는다 해도 부디 이 말만은 기억하게. 그리고 되도록 나를 꼰대라고 생각하지는 말게. 아무도 자네에게 이런 말을 해주지는 않을 테니까. — 스마이시스는 네 달 동안 소식이 끊겼네. 그 친구가 왜 편지를 안 하는지 모르겠어 어디 있는지도 뭘 하는지도 알 수 없고. 요즘은 거의 아무도 안 만나고 있네. 정기적으로 만나는 사람은 스키너가 전부야. 그는 장시간 노동을 해야 하지만 건강하게 지내고 있어. 위즈덤[2]도 만나지 못한다. 몬트리올에 있는 어떤 친구로부터 위즈덤 부인[3] 얘기를 듣기는 했지. 그녀는 잘 있는 것 같아. — 행운을 비네!

자네의 다정한,
루트비히 비트겐슈타인

1. 나는 프린스턴 대학교의 철학 강사였다.
2. 존 위즈덤John Wisdom은 케임브리지 대학교 철학 강사이자 트리니티 칼리지의 펠로였다. 나는 1938~1939년에 그의 강의를 들으면서 그와 많은 토론을 했고 우리는 친구가 되었다.
3. 내 지인인 존 위즈덤 부인에 대해 문의했었다.

5

트리니티 칼리지
케임브리지
1941년 7월 5일

친애하는 맬컴,

어제 자네의 5월 17일자 편지를 받았네. 자네 소식을 듣는 건 항상 반가운 일이지. 내년이 지나면 프린스턴에서 가르칠 수 없게 되었다니 유감이군. **이건 정말이네.**[1] 철학을 가르치는 일에 관한 내 견해에 대해서는 잘 알겠지만, 내 입장엔 아직 변함이 없어. 하지만 나는 자네가 **정당한** 이유로 그만두기를 원하지 부당한 이유로 그만두는 걸 원하지는 않아(내가 이해할 수 있는 방식의 '정당함'과 '부당함'을 말하는 거야). 나는 자네가 훌륭한 군인이 될 거라는 걸 알지만, 자네가 꼭 그럴 필요가 없다면 좋겠어. 자네가 조용한 삶을 살면서 친절과 **배려를 필요로 하는** 다양한 부류의 사람들에게 친절과 배려를 나눠줄 수 있는 자리를 얻을 수 있다면 좋으련만! 왜냐하면 우리 모두 이런 미덕을 절실히 원하고 있기 때문이지.

몇 주 전에 잡지를 받았어. 퍼뜩 자네에게 고맙다는 생각이 들었지. 내용이 **정말 좋더군!** — 스키너가 안부를 전해달라고 하네. 스마이시스도 나한테 얘기를 듣는다면 안부를 전하겠지. 조만간 자네와 저녁 식사라도 했으면 좋겠군! 일이 잘되기를 바라네!

자네의 다정한,
루트비히 비트겐슈타인

1. 나는 1941~1942년 프린스턴 대학교에 재임용되었지만, 그해로 만료된다는 통보를 받았다.
2. 1941년 여름 나는 비트겐슈타인에게 1942~1943년에 재임용되지 못할 것이라고 편지를 썼다. 하지만 별 문제는 없다고 덧붙였다. 왜냐하면 미국이 조만간 참전하게 되어 나 역시 군대에 입대하게 될 것이기 때문이었다.

6

너필드 하우스Nuffield House
가이병원[1]
런던 S.E.1
1942년 11월 24일

친애하는 맬컴,

10월 30일자 자네 편지를 받고 매우 **반가웠네**. 아주 멋진 독일 소설 한 권을 지저분한 책이나마 동봉하네.[2] — 적어도 내겐 더 괜찮은 책을 찾아볼 시간도 없었고, 자네가 상상할 수 있듯이 독일 책은 요즘 구하기가 아주 힘들다네. 어쩌면 이 책이 어렵고 내용도 별로라고 생각할지 모르지만, 자네가 이 책을 좋아하길 바라네. 이건 일종의 크리스마스 선물이니 책이 더럽다고 신경 쓰지 않았으면 하네. 이런 책이 좋은 것은 밑바닥 기관실에서 읽어도 더 더러워지지는 않는다는 점이지.[3] 자네가 책이 마음에 든다면 다른 권들도 찾아보도록 하지. 이건 '취리히 단편집'이라 불리는 다섯 권 중 하나거든. 책들이 전부 취리히와 어떻게든 관련되어서 그렇게 불리지. 켈러는 스위스 사람인데, 최고의 독일어 **산문** 작가 중 하나야. — 지난번 편지에서 말한 것처럼 스마이시스는 소식이 끊긴 지 오래야. 그 친구가 나한테 관심을 끊은 것 같다는 생각이 들어. 하지만 그렇진 않을 거야. — 위즈덤은 아직도 케임브리지에 있어. 만나지는 못하지만 말이야. — 다시 연락하기 바라네. 축복을 빌겠네!

자네의 다정한,
루트비히 비트겐슈타인

1. 1941년 말 또는 1942년에 비트겐슈타인은 케임브리지에서 강연을 그만두고 런던의 가이병원에서 조제실 직원이 되었다. 드루어리의 기록에 따르면 비트겐슈타인의 임무 중 하나는 피부과에서 쓸 라사르 연고를 준비하는 것이었다. 병실 간호사는 이전에는 아무도 그렇게 품질이 좋은 라사르 연고를 제조한 사람이 없다고 단언했다고 한다! (드루어리의 비트겐슈타인에 대한 회상은 러시 리스가 편집한 《비트겐슈타인 회고집》(Oxford University Press, 1984)에 수록되었다.)
2. 비트겐슈타인은 내게 고트프리트 켈러의 취리히 단편집 1권인 《하트라우프》를 보내왔다.
3. 1942년 봄 나는 미 해군에 입대했다. 이 편지의 시기에 나는 캐리비안 해의 초계정에서 복무하고 있었지만 '밑바닥 기관실에서' 일한 건 아니었다.

7

임상연구실
왕립 빅토리아 병원
뉴캐슬 어폰 타인
1943년 9월 11일

친애하는 맬컴,

우리 사이에 편지가 오고 간 지 오래됐군.

1943년 9월 19일. 일주일 전에 편지를 쓰다가 중단되었는데, 다음 날 자네 편지를 받았네. 소식을 들으니 **정말로** 반갑군. 다시 자네를 만나게 되면 너무나 좋을 텐데.[2] 나 역시 안팎의 사정으로 철학을 할 수 없어서 유감이야. 철학이 나에게 만족을 주는 유일한 작업인데 말일세. 다른 일에는 흥미가 느껴지지 않아. 요즘 난 엄청 바빠서 종일 정신이 없다네. 하루가 끝나면 피곤하고 비참함만 느껴질 뿐이야. ─ 뭐, **아마도** 다시 좋은 시절이 오겠지…. 스마이시스한테는 **여러 달 동안** 소식이 없어. 그가 옥스퍼드에 있다는 것을 알고 있지만 내게 편지를 보내진 않는다네. ─ 루이는 여전히 케임브리지에 있지. 그 친구에게도 좋지 않고 다른 사람한테도 좋지 않은 일이라고 봐. 리스[3]는 여전히 스완지에서 가르치고 있어. 무어를 만나서 그가 건강하게 잘 지내는지를 알아봐주면 고맙겠네. 나는 요새 케임브리지에 3개월에 한 번 정도밖에 가지 않고 학교에 있는 방도 비웠네. 물론 전쟁이 끝나면 교수로 돌아가게 되어 있지. 하지만 그렇게 될 수 있을지 상상이 안 되는군. 내가 다시 정식으로 철학을 가르칠 수 있게 될지 모르겠네. 차라리 그럴 수 없기를 바랄 뿐이네.

무어를 만나서 그가 건강하게 잘 지내는지를 알아봐주면 고맙겠네. 무어에 관한 책이 나왔다고 하는데,[5] 나는 읽지 않을 거야.[6]

조만간 다시 연락해주길 바라네! 행운을 비네!

자네의 다정한,
루트비히 비트겐슈타인

1. 가이병원의 직원으로 일하는 동안 비트겐슈타인은 의사 식당에서 식사하도록 초대되었다. 거기서 그는 '쇼크'의 생리학을 연구 중인 그랜트R.T. Grant 박사를 알게 되었다. 그랜트 박사는 이 연구에 대한 비트겐슈타인의 질문과 제안이 대단히 적절하다고 생각해서 연구소가 뉴캐슬의 왕립 빅토리아 병원으로 이전하게 되었을 때 그를 자신의 연구팀에 합류하도록 초청했다. 드루어리는 1943년에 뉴캐슬에 있는 비트겐슈타인을 방문했다. 그랜트 박사가 비트겐슈타인에게 호흡과 맥박 사이의 관계에 대한 연구를 요청해둔 때였다. 비트겐슈타인은 드루어리를 실험실로 데려가서 자신이 직접 고안한 장치를 보여주었다. 비트겐슈타인은 자기를 실험 대상으로 삼아서 회전하는 드럼 위에 기록된 필요한 데이터를 얻어냈다. 드루어리에 따르면 그랜트 박사는 비트겐슈타인의 작업에 너무나 깊은 인상을 받아서 "비트겐슈타인이 철학자가 아니라 생리학자가 되었으면 더 좋았을 것"이라고 말했다고 한다.(Rhees, 앞의 책, 147쪽)
2. 나는 경구축함으로 전배되어 대서양에서의 호위 임무를 맡을 예정이었다. 나는 편지에서 비트겐슈타인에게 언젠가 배가 영국에 도착하면 그를 방문할 수 있을지 모르겠다고 썼다.
3. 러시 리스는 비트겐슈타인의 제자이자 가까운 친구이며, 나의 친구이기도 하다. 그는 스완지 대학교 철학과에서 선임강사로 있었다. 비트겐슈타인의 유고 관리자 겸 편집자 가운데 한 명이다.
4. 무어는 1940년 가을 학기에 스미스 대학교의 방문 교수로 미국에 왔다. 그는 1941년 봄 학기에 프린스턴에서도 같은 자격을 얻었는데 내가 프린스턴에 있을 때에서 우리는 종종 만났다.
5. 실프P.A. Schilpp가 편집한 '살아 있는 철학자들' 시리즈Library of Living Philosophers' 중 《무어의 철학The Philosophy of G.E. Moore》(Northwestern University, Chicago, 1942)을 말한다. 이 책은 무어의 철학 연구의 다양한 측면에 대한 여러 철학자들의 논문과 이에 대한 무어의 답변들, 그리고 무어의 〈자서전An Autobiography〉으로 구성되었다.
6. 비트겐슈타인은 그런 류의 책을 만드는 데 동의한 무어를 매우 못마땅하게 생각했다.

8

임상연구실
왕립 빅토리아 병원
뉴캐슬 어폰 타인
1943년 12월 7일

친애하는 맬컴,

자네 소식을 오랫동안 못 받았군. 나는 여전히 같은 일을 하고 있지만 곧 여기를 떠날지도 모르네. 연구소장이 군대로 들어가기 때문에 연구소 전체가 해산되거나 새로운 소장이 오게 될 것 같아. 여기서 난 약간은 외롭게 지낸다네. 대화를 나눌 사람이 있는 곳으로 옮겨볼까 하네. 러시 리스가 철학 강사로 있는 스완지 같은 곳으로 말일세. 리스를 기억하고 있을지 모르지만, 아마 그를 내 강의에서 보았을 거야. 그는 무어의 학생이었는데 훌륭한 사람이고 철학적 재능도 뛰어나지. 스마이시스는 못 본 지 오래됐어. 연락도 없고. 누가 그러던데 옥스퍼드에서 직장을 잡았다고 하더군(옥스퍼드 대학교는 아니야). 나는 건강하지만 종종 우울한 상태야. — 자네가 편지를 쓰고 싶다면 기꺼이 자네 소식을 듣고 싶어. 하지만 쓰고 싶지 않다면 쓰지 않아도 돼.

행운을 비네!
자네의 다정한,
루트비히 비트겐슈타인

9

트리니티 칼리지
케임브리지
1944년 11월 16일

친애하는 맬컴,

오늘 아침 도착한 11월 12일자 편지 잘 받았네. 편지가 와서 기쁘군. 나는 자네가 나를 잊은 게 아닌지 혹은 잊고 싶은 게 아닌지 하고 생각했지. 내가 이런 생각을 하는 데는 특별한 이유가 있네. 자네 생각을 할 때마다 나에겐 매우 중요한 특별한 사건[1]이 떠오르기 때문이지. 우리는 철교 쪽으로 강변을 산책하다가 격한 논쟁을 한 적이 있는데 그때 자네가 '국민성'에 대한 미개한 언급을 해서 나를 경악하게 했었지. 그때 나는 이렇게 생각했네. 만약 철학을 공부함으로써 얻는 효용이 그저 난해한 논리학의 문제들 같은 것에 관해서 어느 정도 그럴듯하게 말할 수 있게 하는 것이라면, 만약 철학을 공부하는 것이 일상의 중요한 문제들에 관한 생각을 개선시켜주지 않는다면, 만약 자기들의 목적을 위해서 **위험한** 문구들을 사용하는 여느… 언론인보다 우리를 더 양심 있게 만들지 않는다면, 철학을 공부하는 게 무슨 소용이 있겠는가? '확실성', '확률', '지각' 등에 관해서 **잘** 생각하는 것이 어렵다는 것을 나는 잘 알고 있다네. 하지만 우리 인생과 다른 사람들의 삶에 관해서 참으로 정직하게 생각하거나 그러려고 **노력하는** 것은 가능하긴 하지만 훨씬 더 어려운 일이지. 문제는 이런 것들을 사유하는 일이 **가슴 뛰는 게 아니라** 종종 매우 불쾌하다는 사실이지. 그리고 불쾌할 때가 **가장** 중요한 거라네. ―

설교는 여기서 그만두지. 내가 말하고 싶었던 건 이걸세. 자네가 **몹시** 다시 보고 싶다는 거. 하지만 우리가 만나서 철학 이외의 진지한 문제들에 대한 대화를 피하는 것은 잘못이라고 보네. 나는 소심한 사람이라 충돌을 좋아하지 않아. 특히 내가 좋아하는 사람과는 더욱 그렇지. 하지만 피상적인 대화를 하느니 차라리 충돌하는 게 낫다고 생각한다네. — 자네가 점점 편지를 쓰지 않는 걸 보면서 이런 생각이 들었네. 자네가 우리가 너무 깊게 파고들면 아주 중요한 문제에서 서로 눈을 마주 볼 수 없게 될 거라고 생각한 것이 아닌가 하고 말이야. **어쩌면 내가 전혀 잘못 생각했는지도 모르지.** 우리가 살아서 다시 보게 된다 해도 파헤치기를 꺼리지 말도록 하세. 자신이 다치는 게 두려운 사람은 정직하게 생각할 수 없는 법이야. 나는 이것을 잘 알고 있네. 왜냐하면 나도 그런 회피자이니까.

스마이시스를 못 본 지 **오래되었는데**, 2주 내로 만날 수 있을 거야. 그가 도덕과학클럽에서 발표하기 위해 옥스퍼드(거기서 직장 생활을 하는데, 대학 관계 일은 아니다)에서 올라올 예정이거든. — 이 편지를 기분 좋게 읽기 바라네. **행운을 빌며.**

자네의 다정한,
루트비히 비트겐슈타인

---

1. 이 사건은 1939년 가을에 있었고, 나의 〈회상록〉(45~46쪽)에 묘사되어 있다.

10

트리니티 칼리지
케임브리지
1945년 5월 22일

친애하는 맬컴,

오늘 아침 자네가 지난번 브루클린에서 보낸 편지를 받았네.[1] 그 편지를 자네가 오기 전에 받았더라면 자네와 만나는 일이 좀 더 수월했을 텐데. 나는 1시까지 일(구술 작업)을 하다가 역으로 배웅하러 가야 한다는 걸 기억했지. 나는 시간표를 보고, 적당한 런던행 열차가 1시 정각에 있고 그 후로는 당분간 없다는 걸 확인했어. 그래서 나는 자네가 1시 열차를 탔을 거라고 생각하고 내가 늦었다고 결론을 내렸어. 나중에 위즈덤이 자네가 1시 50분 기차를 타고 떠났다고 내게 말했지. — 그렇다면 내가 늦지 않을 수도 있었을 텐데. 그 기차를 잡으려고 하지 않은 것이 유감이야. 자네 편지를 받고 또 자네를 만나서 기뻤다고 다시 말할 수 있었을 텐데. 우리가 함께 있을 때 **자네도** 나처럼 생각이 많았을 것이라고 생각하네. 자네가 내게 편지를 보낸다면 — 그러길 바라네만 — 앞으로는 세례명으로 불러주면 좋겠네. 나도 그렇게 할 테니까. 어리석은 소리로 들리거나 뭔가 잘못되었다고 생각하면, 솔직히 그렇다고 말하게. 그 때문에 상처받지는 않을 테니까.

행운을 비네! 자네의 다정한,
루트비히 비트겐슈타인

1. 1945년 5월 내가 탄 배가 호송선과 함께 사우샘프턴에 입항했다. 나는 짧은 휴가를 얻어서 케임브리지를 방문했다. 〈회상록〉(56~57쪽)에 묘사한 것처럼, 비트겐슈타인과의 만남은 우울한 것이었다. 비트겐슈타인은 나와 만난 다음 날에야 내가 몇 주 전에 그의 9번 편지에 답장으로 보낸 편지를 받았다.

11

트리니티 칼리지
케임브리지
1945년 6월 26일

노먼에게,

자네의 6월 21일자 편지를 받아서 반가웠네. 전쟁이 '지겹다'는 생각에 대해 이런 말을 해주고 싶네. 만일 어떤 소년이 학교가 아주 지겹다고 말한다면 그 애에게 이렇게 대답할 수 있을 테지. 만일 네가 거기서 정말로 배울 수 있는 걸 배우게 된다면, 학교가 **그렇게도** 지겹지는 않다는 걸 알게 될 거라고. 이제 내가 말하는 것을 언짢아하지 말고 들어보게. 자네가 만일 눈을 뜨고 지켜본다면 이 전쟁에서 인류에 대해 엄청나게 많이 배울 수 있다고 믿을 수밖에 없을 걸세. 그리고 더 잘 생각할수록 자네가 보는 것으로부터 더 많이 얻을 수 있지. 왜냐하면 사유한다는 것은 **소화하는 것**이기 때문이네. 설교하는 투로 쓰고 있다면 내가 정말 멍청이겠지! 하지만 많이 권태롭다는 건 정신적 소화가 제대로 되지 않고 있다는 것을 의미한다는 사실에는 변함이 없네. 좋은 치료법은 때로는 눈을 더 크게 뜨는 것이라고 생각하네. 때로는 책이 약간은 도움이 되기도 하지. 예를 들어 톨스토이의 '하지 무라트Hadshi Murat'[1]도 나쁘지 않을 거야. 미국에서 그걸 구할 수 없다면 말해주게. **아마** 여기서 구할 수 있을 테니까. 케임브리지의 여러 서점들을 둘러보았는데 그 책을 가지고 있지 않더군. 구할 수도 없다고 하고. 스마이시스 말로는 옥스퍼드 대학교 출판부에서 구할 수 있을지 모른다고 하더군.

내 작업은 더럽게 느리게 진행되고 있네. 내년 가을까지는 출판될 수 있을 정도의 분량을 써놔야 할 텐데. 아마 그러지 못할 것 같네. 난 정말 **지독하게 형편없는** 일꾼이니까 말일세!

잡지를 고대하고 있네! 자네가 잡지를 보내주어 **정말로** 고마웠어. 지금 케임브리지에 또 다른 축제가 열리고 있는데, 우리가 갔던 것보다 훨씬 큰 축제야. 동전을 넣는 경품 게임도 몇 판 했는데 따지는 못했지. **자네가** 있어야 했는데.

스마이시스는 자네를 만나서 기뻤다고 하네. 안부를 전해달라고 하는군. — 나의 안부도 함께 전하네. 자네의 건강을 빌어. 몸과 마음 모두. 그리고 하는 일도 잘되길 바라네!

안녕히!

자네의 다정한,

루트비히 비트겐슈타인

---

1. 톨스토이의 책 《하지 무라트 *Hadji Murat*》를 말한다. 비트겐슈타인은 내게 이 책을 보내주었다.
2. 비트겐슈타인은 축제를 좋아했고 동전을 넣고 경품을 뽑는 게임도 즐겼다(《회상록》, 71~72쪽).

12

리스 전교(轉交)*
브린 가Bryn Road 96
스완지
1945년 8월 17일

노먼에게,

오늘 자네의 탐정 잡지 소포를 받았네. 대단히 고마워! 이거야말로 진짜라고 할 수 있지! 알다시피 나는 웨일스에 있어. 며칠 전 도착해서 9월 내내 머물 계획이야. 기후도 좋고 케임브리지가 **아니라**는 점이 마음에 들어.

자네도 그를 기억하겠지만 리스가 여기에 있어서 자주 만나고 있네. — 우리는 두 개의 승전일을 기념했는데[1] 진정한 기쁨보다는 소음이 더 많은 것 같아. — 지난 학기에는 상당히 연구를 많이 했다네. 나 자신을 위해서 그렇다는 얘기야. **만일** 모든 것이 잘 풀린다면 크리스마스까지는 출판하게 될지도 모르겠어. 내 작품이 훌륭하다는 얘기는 아니고, 내가 지금 이것보다 더 잘 쓸 수는 없다는 뜻이네. 책이 완성되면 나는 그걸 가지고 세상으로 나와야만 할 것 같네. (이건 그냥 하는 말이 아니야.) — 자네가 지금쯤 안정을 찾아서 조만간 평범하게 맬컴 씨나 맬컴 박사가 되기를 바라네. 조만간 만나서 자네에 대해 생각하는 모든 것을 말할 수 있기를 바라네. 리스가 안부를 전해달라고 하는군. 나의 안부도 함께 전하네. 내적으로, 외적으로 자네가 건강하기를 비네. 안녕히!

> 다시 한 번 고맙네!
> 자네의 다정한,
> 루트비히 비트겐슈타인

* 전교란 다른 사람을 거쳐서 편지를 받게 한다는 뜻이다. (옮긴이)
1. 유럽과 아시아에서의 승전일을 말한다.

13

리스 전교
브린 가 96
스완지
사우스웨일스
[날짜 미상][1]

노먼에게,

8월 12일자 편지 잘 받았네. 그래 맞아, 배가 왜 '생각'을 하기에 좋은 장소가 아닌지 그 이유를 알 수 있을 것 같군. ― 나는 자네가 매우 바쁘다는 사실을 말하는 게 **아니야**. 아마도 나는 전쟁이 끝나서 기분이 좋아져야 옳겠지만 그렇지 못해. 나는 이 평화가 휴전에 불과하다는 확신을 떨칠 수 없네. 이 전쟁의 '침략자들'을 완전히 박멸하면 ― 물론 미래의 전쟁은 오로지 이들만이 일으킬 것이라는 이유로 ― 이 세계가 더 살기 좋은 곳으로 될 것처럼 가장하는 것은 말도 안 되게 더러운 짓이야. 실제로는 무시무시한 미래를 약속할 뿐이지.

이러한 즐거운 생각을 한 다음에, 나는 여기서 꽤 멋진 휴가를 보내고 있고 바보가 된 기분이라는 걸 말하고 싶네. 아마도 자네는 이미 이 편지로부터 그 정도는 추측했다고 말하겠지. — 리스가 안부를 전해달라고 하는군. — 자네가 곧 제대해서 편지로만 하지 말고 만나서 대화를 나눌 수 있게 되면 좋겠다. 자네가 '하지 무라트'를 받았다니 기쁘군. 책에서 많은 걸 얻기 바라네. 그 **안에는** 많은 것이 들어 있으니까. 자네가 말한 독일 책들에 대해서는 모르겠지만, 의심스러운 것 같군. — 책들의 저자도 그렇고 다른 이유도 있고. — 내가 말했듯이, 톨스토이를 즐기길 바라네. 그는 글 쓸 자격이 있는 **진정한** 인간이지.

자네가 보낸 잡지를 사나흘 전에 받았고 즉시 감사의 편지를 보냈으니 곧 받게 될 거야. 잡지는 정말로 훌륭해.

안녕히! 행운을 빈다!
자네의 다정한,
루트비히

---

1. 이 날짜 미상의 편지는 아마도 1945년 8월에 쓴 것이다.
2. 11번 편지에 대한 답장에서 아마도 나는 북적거리는 전함에서의 삶이 조용히 생각하는 데 도움이 되지 않는다고 썼던 것 같다.

14

리스 전교
브린 가 96
스완지
1945년 9월 8일

노먼에게,

자네는 정말 멋진 친구야! 잡지 보내줘서 고마워. 단지 내용물이 좋아서 그런 게 아니고 자네 소포를 받는 게 기분이 좋아.

무기대여법이 만료된 건 내게 정말로 충격적이네. 그것 때문에 이 나라에 탐정 잡지가 부족해질 수도 있으니 말이야. 나는 다만 케인스 경이 워싱턴에서 이 점을 분명히 해두었으면 좋겠네. 무슨 얘기냐 하면, 미국이 탐정 잡지를 공급하지 않는다면 우리는 철학을 제공할 수 없다는 거고, 그러면 미국은 결국 패배할 수밖에 없을 거라는 얘기지. 무슨 말인지 알겠나? — 나는 아직 스완지에 있네. 케임브리지에 있지 않은 것을 즐기고 있지. 연구가 잘 진행이 안 되고 있네. 부분적으로 내 콩팥 한쪽에 이상이 생겼기 때문이야. 심각한 건 아니지만 그것 때문에 나는 신경과민에 안절부절못하고 있네. (나는 항상 핑계만 대는군.) — 며칠 전에 존슨의 '교황의 삶'을 읽었는데 매우 좋았네. 내가 케임브리지에 가는 대로 존슨이 쓴 '기도와 명상' 소책자를 한 부 보내겠네. 좋아하지 않을 수도 있겠지. 하지만 좋아할지도 몰라. 아무튼 나는 좋아한다네.

이게 전부야. 이번 장과 다음 장 대부분은 자네가 필기할 수 있도록 공란으로 남겨두겠네. 조만간 만나기를 **고대하며**, 행운을 비네!

그리고 다시 한 번 고마워!

자네의 다정한,
루트비히

15

리스 전교
브린 가 96
스완지
1945년 9월 20일

노먼에게,

9월 6일자 편지 잘 받았다. 곧 해군을 제대한다는 소식을 들으니 기쁘군. 내가 철학 교수라는 어처구니없는 직업을 그만두기로 결심하기 전에 자네가 케임브리지로 오기를 바라네. 철학 교수직이란 일종의 살아 있는 죽음과도 같아. — 나는 2주 내로 그 일에 복귀하네. — 언젠가 '부활'을 읽으려고 해봤는데 읽을 수가 없었어. 자네도 알다시피 톨스토이는 그냥 이야기를 말할 때에는 대단한 인상을 주지만, 독자에게 설교를 할 때는 그렇지 못한 것 같아. 내게는 그가 독자에게 등을 돌릴 때가 **가장** 인상적으로 보인다네. 아마 언젠가 이에 대해 이야기를 나눌 때가 있겠지. 그의 철학은 이야기 속에 **숨어 있을** 때가 가장 진실한 것 같네. 철학에 대해 말해보세. 내 책은 거의 끝나가고 있어. 자네가 기특하게도 케임브리지에 온다면, 그 책을 읽게 해주지. 어쩌면 그 책이 자네를 실망시킬지도 몰라. 그리고 사실 아주 형편없는 책이야(그렇다고 100년을 더 노력한다고 책이 본질적으로 개선될 수 있을 것 같지도 않아). 하지만 그것 때문에 걱정하지는 않는다네. 내가 걱정하는 건 독일과 오스트리아에 대해 들려오는 얘기들이야. 독일의 재교육자들은 잘하고 있어. 유감스럽게도 재교육의 과실을 즐길 사람은 별로 남아 있지만.

내 하숙집 주인은 현대영어역본 성경을 가지고 있더군. 굿스피드란 사람이 번역한 신약은 마음에 들지 않지만, 여러 사람이 번역한 구약은 많은 것을 명확하게 해줘서 내게는 **충분히** 읽을 가치가 있어 보이네. 아마 자네도 알게 될 걸세.

안녕히, 몸조심하길!
자네의 다정한,
루트비히

---

1. 톨스토이의 《부활》. 나는 이 소설의 어떤 구절에 큰 감명을 받아서 그걸 비트겐슈타인에 대한 답장에 인용하였다. 그 구절은 다음과 같다. 이 번역은 내가 1945년 읽었던 것과는 약간 다르다.

    가장 평범하고 가장 일반적으로 받아들여지는 환상은 모든 사람이 어떤 특수한 방식으로 — 예컨대 친절하다, 사악하다, 멍청하다, 열정적이다, 냉담하다 등으로 불릴 수 있다는 환상이다. 사람들은 그렇게 불릴 수 없다. 우리는 어떤 사람이 잔인한 적보다는 친절한 적이 많다, 멍청한 적보다는 현명한 적이 많다, 냉담한 적보다는 열정적인 적이 많다, 또는 그 반대로 말할 수는 있다. 하지만 한 사람에 대해 그가 친절하거나 현명하다고 말하고, 다른 이에 대해선 그가 사악하거나 멍청하다고 말하는 것은 참일 수 없다. 그러나 우리는 항상 인류를 이런 식으로 분류한다. 그리고 그것은 잘못이다. 인류는 강과 같다. 물은 모두가 하나이며 동일하다. 하지만 모든 강은 어느 곳에선 좁게 흐르고, 다른 곳에서는 빠르게 흐르며, 여기서는 넓고, 저기서는 고요하거나, 맑거나, 차갑거나, 흙탕물이거나, 따뜻하다. 인간도 마찬가지다. 모든 사람은 그 안에 모든 인간적인 품성의 싹을 품고 있으며 지금은 하나를 표현하고, 다른 때는 다른 품성을 표현하며, 종종 같은 사람이면서도 자신과는 다른 사람이 되기도 한다.(톨스토이, 《부활》, Part I, Ch. 59. 로즈메리 에드먼즈Rosemary Edmonds 옮김, Penguin Classic, 1966.)

16

트리니티 칼리지
케임브리지
1945년 10월 6일

노먼에게,

전에 보내기로 약속했던 소책자를 동봉하네.[1] 절판된 것 같아 내가 가진 책을 보내네. 보통 나는 인쇄된 기도문을 읽지 않는데 존슨의 기도문은 **인간적이라서** 깊은 감명을 주더군. 아마 책을 읽어보면 무슨 말인지 알게 될 걸세. **전혀** 자네 마음에 들지 않을지도 모르겠군. 자네는 어쩌면 나와는 다른 각도에서 볼 수도 있으니까(하지만 같은 각도에서 볼지도 모르지). 책이 맘에 들지 않는다면 그냥 던져버리게. 내가 헌사를 쓴 페이지는 잘라두고 말이야. 혹시 내가 나중에 **아주** 유명해지면 내 서명이 꽤 값이 나가서, 자네 손자들이 매우 큰 '돈'을 받고 팔 수도 있을 테니까. — 나는 케임브리지에 돌아왔네. 기분이 매우 좋지 않군. 내 강의가 어떨지는 신만이 아실 거야! 나에게 행운을 빌어주게! — 자네에게도 행운이 있기를 빌겠네. 스마이시스가 안부를 전해달라고 하더군.

또 소식을 기다리겠네.

자네의 다정한,
루트비히

1. 새뮤얼 존슨Samuel Johnson, 《기도와 명상》, 3rd ed.(H. R. Allenson, London). 날짜 미상이나 분명히 1826년 혹은 1827년 판임(초판은 1785년).

17

트리니티 칼리지
케임브리지
1945년 10월 30일

노먼에게,

10월 23일자 편지 잘 받았다. 휴가를 잘 보냈다는 얘기와 내년에 이곳을 방문할 계획이라는 소식을 들으니 기쁘군. 나도 그때 여기 남아 있도록 해볼게. 나의 직업은 여러 모로 아주 수상하다네. — 수강생이 꽤 많아서 19명이야. 이들 중 상당수가 중도에 떨어져 나가겠지. 나갈 사람은 최대한 빨리 나갔으면 좋겠어. — 스마이시스가 올 것이고, 매우 훌륭한, 즉 단순히 **똑똑한 것 이상인** 여자가 한 명 있네. 인도 사람도 한 명 있는데(적어도 피부가 검은 사람이다) 괜찮아 보이더군. 미군도 두 명 왔는데, 하나는 형편없고 다른 친구는 괜찮은데 강의 내용을 알아듣지는 못하는 것 같아. — 자네가 내 책을 읽게 된다면 독일어로 읽어야 할 거야. 내가 괜찮은 독일어 책을 찾으면 자네 독일어 복습을 위해서 보내주도록 하지. — 무어는 3주에 한 번씩 만나는데 아주 건강해. 이런 말을 해서 유감이지만, 스마이시스는 너무 과로해서 안색이 창백하고 아주 말랐어.

잘 지내도록! 좋은 생각, 현명한 생각 많이 하길 바라네. 꼭 논리학이나 철학 같은 것만 생각하지는 말고!

나는 자네가 약속한 정신적 영양분을 아주 많이 기다리고 있어. 자네가 보낸 잡지를 읽다 보면, 사람들이 스트리트앤스미스의 잡지를 읽을 수 있는데도 불구하고 어떻게 저 무기력하고 파산 상태인 '마인드'[1] 따위를 읽을 수 있는지 종종 의심스러진다네. 뭐, 사람마다 취향이 다르긴 하지만 말이야. — 행운을 비네!

자네의 다정한,
루트비히

---

1. 《마인드》는 영국에서 발행되는 유력한 철학 저널이다.

18

트리니티 칼리지
케임브리지
1945년 12월 6일

노먼에게,

편지와 판하우턴van Houten 코코아 고맙게 받았네. 함께 마시기를 기대하고 있을게. — 나 역시 프로이트를 처음 읽었을 때 큰 인상을 받았지.[1] 그는 정말 비범한 사람이야. — 물론 믿지 못할 생각도 많고, 그 개인의 매력과 그 주제의 매력이 워낙 커서 자네가 쉽게 속을 수도 있지.

프로이트는 항상 마음속의 어떤 강한 힘들과 어떤 강한 편견들이 정신 분석이라는 관념에 반발하는지만을 강조하지. 그러나 그는 그 관념이 프로이트 자신에게뿐만 아니라 사람들에게도 얼마나 큰 매력을 지니는지를 언급하지 않아. 불쾌한 어떤 것을 드러내는 일은 강한 편견에 부딪힐 수 있지만, 그것은 종종 혐오스럽다기보다는 오히려 **매력적인** 일이기도 해. 자네가 **아주** 분명하게 사고하지 않는다면, 정신분석은 위험하고 고약한 기술이며 이익은 없는 데 비해 엄청난 해를 끼치는 것이 될 수 있다네. (내가 노파심에서 이런 소리를 한다고 생각한다면 — 다시 생각하기 바라네!) — 물론 이 모든 것이 프로이트의 놀라운 과학적 성취를 손상시키지는 못하지. 단지, 놀라운 과학적 성취가 요즘 흔히 인류 파괴에 사용된다는 게 문제이지(정신과 육체 **또는** 지성을 파괴한다는 뜻일세). **그러니 정신 똑바로 차리고 있어야 하네.**

동봉한 크리스마스카드의 그림 때문에 고생을 많이 했네. 그 두꺼운 책은 비트겐슈타인 작품집이야.[2]

스마이시스가 안부를 전하더군.

행운을 빌어. 다시 만나기를 바라네.

자네의 다정한,

루트비히

1. 나는 프로이트를 읽기 시작했고 비트겐슈타인에게 쓴 편지에서 프로이트에게 깊은 인상을 받았다고 말했다.
2. 비트겐슈타인은 항상 지극히 화려한 크리스마스카드와 부활절 카드를 샀다. 카드는 '다정다감' 해야 했다. 그가 이 편지에 동봉한 카드에는 두꺼운 책을 그린 '그림'이 있었다.

19

모건 목사Rev. Morgan 전교
쿰도킨 테라스Cwmdoukin Terrace
스완지
1945년 12월 15일

노먼에게,

보내준 탐정 잡지 잘 받았네! 정신적 비타민과 칼로리가 아주 풍부하게 함유되어 있더군. 보내줘서 고맙고, 크리스마스카드도 고마웠네!

나는 다시 스완지에 왔어. 여기서 크리스마스를 보내고 아마 새해까지 있을 것 같아. 날씨는 좋지 않지만 케임브리지가 아니라는 걸 즐기고 있지. 여기서 좋은 사람들을 꽤 많이 알게 되었다네. 여기서는 잉글랜드보다 사람들과 친하게 지내기가 쉬운 것 같아. 예를 들면 거리를 걷거나 어린이들을 볼 때 훨씬 더 자주 미소 짓고 싶어지지. 지금 나는 매우 바보가 된 느낌이야. 어떤 일을 해야 하는데 못하고 있어. 지난 학기 내 강의는 전체적으로 아주 나쁘지는 않았지. 학기 초에 나는 강의를 감당하지 못하리라고 생각했거든. 때때로 급작스럽게 찾아오는 이상한 종류의 피로감을 느꼈지. 의사가 포도당을 처방했는데 매우 잘 들어서 나중엔 괜찮아졌어.

이제 그만 줄이겠네. 편지가 형편없다는 걸 알지만, 지금으로선 이것이 내가 쓸 수 있는 최상의 편지야.

행운을 비네! 몸조심하고!
자네의 다정한,
루트비히

20

트리니티 칼리지
케임브리지
1946년 1월 15일

노먼에게,

어제 자네가 보낸 코코아와 복숭아가 든 소포를 받았네. 항상 그렇듯이 고맙네. 코코아가 아주 좋더군! — 나는 스완지에 거의 한 달간 머물렀는데, 제대로 일하지 못했어. 자네가 보낸 음식이 내 몸과 마음을 더 나은 사람으로 만들어주겠지. 3일 후면 강의가 시작되네. 또 쓰레기 같은 말을 많이 하게 되겠지. 내가 사임하기 전에 자네가 케임브리지에 와서[1] 한 학년을 보낼 수 있다면 좋을 텐데! 그것은 좋은 일이 될 것이고, 달갑지 않은 나의 교수직에 대해서도 훌륭한 결말이 되겠지.

다시 한 번 고맙고, 자네 근황에 대해서 알려주기 바라네.

자네의 다정한,
루트비히

---

1. 나는 1945년 가을 해군을 제대했고, 1946년 봄 학기에 프린스턴 강사로 재임용되었다. 나는 비트겐슈타인에게 1946~1947학년도를 케임브리지에서 보내고 싶어 구겐하임 연구비 Guggenheim Fellowship를 신청했다는 편지를 썼다.

21

트리니티 칼리지
케임브리지
1946년 4월 25일

노먼에게,

자네가 보낸 잡지를 어제 받았네. 정말 고마워. 우리가 아직도 연락하고 지낸다는 건 기분 좋은 일이야. 마음이 **몹시** 혼란스럽네. 수업을 제외하면 오랫동안 제대로 된 연구를 하지 못하고 있어. 지난 학기 수업은 그럭저럭 괜찮았지. 하지만 지금 내 머리는 다 타서 소진된 것 같아. 마치 사방에 벽만 덩그러니 서 있고, 검게 탄 잔해만 남아 있는 듯한 느낌이라네! 자네가 올 때쯤이면 내 상태가 호전되어 있기를 바라도록 하세. 자네를 만나기를 고대하고 있네.[1] 부활절 휴가 대부분을 스완지에서 보냈지. 거기서 리스를 만나서 얘기를 나누고는 그저께 돌아왔네. 아직 스마이시스를 보지는 못했다네. 내일이 첫 강의군. 이런 제길!

자네는 머리와 가슴이 나보다는 온전한 상태이길 바라네.

자네의 다정한,
루트비히

---

1. 나는 비트겐슈타인에게 편지를 써서 연구 기금을 받았고, 케임브리지에 꼭 갈 것이라고 말했다.

22

트리니티 칼리지
케임브리지
1947년 8월 27일[1]

노먼에게,

3주 전에 자네 편지를 받았네.

자네와 케임브리지에서 함께 지낸 시간은 참으로 즐거웠네. 물론 자네가 나에게 빚진 것은 **아무것도 없네**.[2] 요즘 내 마음은 아주 혼란스럽다네. 올 가을에 교수직을 그만둘 것이 거의 확실하네. 롤린스[3]에게는 아직 말하지 않았고, 확정된 것은 아니니 **혼자만 알고 있게**. 롤린스와 △△△를 실망시키기 **싫지만** 나도 어쩔 수 없을 것 같네. 어디에 가서 혼자 지내면서 글 쓰면 좋겠네. 그래서 책의 일부라도 출판할 수 있게 만들었으면 한다네. 케임브리지에서 강의하면서는 그 일을 할 수 없지. 책 쓰는 것과는 별개로, 나는 다소 오랫동안 누구와도 만나지 않고 혼자 생각할 시간이 필요하네. 하지만 아직 대학에 내 계획을 말하지는 않았네. 10월에 확정하기 전까지는 말하지 않을 작정일세.

자네에게 **최고의 행운**이 깃들기를, 그리고 언젠가 다시 만날 날이 있기를 바라네! 함께 지내서 즐거웠네! 리Lee에게도 나의 따뜻한 안부를 전해주게. 레이에게도 '행운'을 전해주고.

또 연락하기 바라네.

자네의 다정한,

루트비히

추신. 나는 9월 10일부터 10월 7일까지 오스트리아에 가 있을 걸세. 트리니티는 항상 나를 찾는군.

1. 이 편지와 그 전 편지 사이에는 16개월의 간격이 있다. 나는 1946년 8월에 아내 리어니다 Leonida(Lee)와 아들 레이먼드Raymond(Ray)와 함께 케임브리지에 도착했다. 1947년 여름 우리는 미국으로 돌아왔고 나는 이타카의 코넬 대학교에서 철학과 조교수직을 얻었다.
2. 내가 미국으로 돌아온 직후 나는 비트겐슈타인에게 그의 생각을 나와 공유해준 것에 대해 감사의 편지를 썼다.
3. 캘빈 롤린스Calvin Rollins는 나의 미국인 지인이다. 그는 1947년 가을에 비트겐슈타인의 강의에 참가하기를 희망했다. 나중에 오스트레일리아, 캐나다 및 미국에서 철학 교수가 되었다.

23

트리니티 칼리지

케임브리지

1947년 11월 16일

노먼에게,

오스트리아에서 돌아오자마자 부총장에게 사직서를 제출해서 12월 31일 밤 12시부로 교수직을 그만두겠다고 했네. 내게 무슨 일이 일어나든(내 미래가 낙관적이라고 보지는 않아), 유일하게 자연스러운 일을 했다고 느끼네. 나는 3주 내로 여기를 떠나 아일랜드로 가려고 하네. 새로운 주소가 어떻게 될지는 알 수 없지만 '케임브리지 트리니티 칼리지'로 편지를 보내면 내게 전달될 거야. 나는 요즘 매우 바쁘다네. 주로 지난 2~3년간 내가 쓴 것을 구술하느라고 그래. 그 내용은 대체로 좋지 않지만, 내가 가지고 다닐 수 있는 형태로 만들어두고 싶네. — 무어는 1주일에 한 번 만나는데, 그와 함께 있는 것이 예전보다 훨씬 즐거워. 어쩐 일인지 우리가 서로를 더 잘 이해하게 된 것 같아. 그는 번갈아서 좋았다가 아팠다가 하는데 좀 쉴 필요가 있어.

조만간 다시 소식을 전하겠네. 지금 당장은 계속 바쁘기만 하군. 리와 레이먼드에게도 안부를 전해주게. **행운을 비네!**

자네의 다정한,
루트비히

추신. △△△에게 무례한 편지를 받았네.[1] 사임한다고 미리 알리지 않았다고 나를 비난하더군. 그는 이것이 '충격적인' '성격의 결함'을 보여주는 것이며 내가 '상스러운 인간'임을 보여주는 것이라고 말했네. 나는 답장을 해서 '그가 어디서 논점에서 이탈했는지'를 설득하려 했네. 그는 바보 같은 사람인 것 같군.

잘 있게! 조속히 답장해주고!
상동.

---

1. 이 사건은 〈회상록〉(85~86쪽)에 언급되어 있다.

24

킹스턴Kingston 부인 전교
킬패트릭 하우스Kilpatrick House
레드크로스
위클로
에이레
1947년 12월 9일

노먼에게,

자네의 편지 두 통 잘 받았네. 아니 편지와 크리스마스카드라고 해야 하나? 받아보고 기분이 **매우** 좋았네. 오늘에야 위의 주소로 이사했네. 더블린에서 버스로 2시간 반에서 3시간 걸리는 곳에 있는 조그마한 게스트하우스라네. 아주 나쁘지는 않아. 곧 익숙해지겠지. 내가 유일한 손님이네. 물론 당장은 완전히 낯설고 불편하게 느껴진다네. 지난 2주간은 꽤 추웠어. 거처를 찾아다니는 일은 매우 우울한 일이야. 내가 오랫동안 연구를 못 했다는 건 말할 필요도 없지. 자네가 탐정 잡지와 책을 보내오기를 기다리고 있네. 나 또한 **자네에게** 작은 선물을 보냈어. 자네 선물이 작다는 뜻은 아니야. 그걸 받아보길 바라네. — 자네와 리와 함께 지내자는 생각[1]은 매우 끌리는 제안이야. 하지만 나는 돈이 꽤 있어. 내가 다른 부분에서 부자라면 **매우** 행복할 것 같아!

리가 카드를 보내오다니 너무 고마웠어. 리와 레이에게 안부를 전해주게. 자네에게 행운이 있기를 바라네. 자네도 내게 행운을 빌 거라는 걸 알아. 우리 모두 그게 지독히도 필요하니까! 그리고 다른 사람들도 마찬가지겠지.

자네의 다정한,
루트비히

1. 우리는 비트겐슈타인에게 이타카의 우리 집에 방문하는 게 어떠냐고 제안을 했다.

25

킬패트릭 하우스
레드크로스
위클로
에이레
1948년 1월 4일

친애하는 리,

당신의 친절한 편지 잘 받았습니다. 나는 당신보다 **훨씬** 더 편지 쓰기를 싫어하는 사람입니다. 난 크리스마스를 여기서 혼자 보냈어요. 하지만 복싱 데이Boxing Day*에는 두 친구를 만났지요. 그중 한 명은 잉글랜드에서 나를 보러 와서 나와 며칠을 보냈습니다. — 이곳은 꽤 조용한 곳입니다. 이보다 더 조용하면 **훨씬** 더 좋겠지만 말입니다. 연구는 그럭저럭 잘 진행되고 있습니다. 소화불량 때문에 고생하지만 않는다면 더 잘될 것 같지만요. 소화불량이 잘 떨어지질 않는군요. 이타카로 가서 당신이 해주는 좋은 음식을 먹어야 할 것 같습니다. — 사실 점점 좋아지고는 있어요. 집주인 아주머니도 내가 필요한 것들을 다 제공해주고 있지요. — 나는 당신이 노먼에 대해 그가 너무 과도하게 열심히 일하고 있다고 쓴 것 때문에 약간 걱정했습니다. 노먼에게 과로하지 말라고 내 말을 전해주세요. 나는 그의 열정을 높게 평가합니다만, 인간이 할 수 있는 일에는 **한계가** 있는 법입니다.— 당신의 사랑스런 선물을 고맙게 잘 받았습니다! 이제 한 해 내내 읽을거리가 생겼군요.

나는 레이가 당신에게 읽어달라고 부탁하는 것이 **매우 좋은** 생각이라고 봅니다. 소리 내서 읽기를 잘, 즉 주의 깊게 연습하면 아주 **많은 걸** 배울 수 있습니다. 대부분의 사람들과 신문들이 얼마나 한심하게 아무렇게나 막 쓰는지를 알 수 있습니다. 사람들은 **생각나는** 대로 그냥 쓰니까요. 승마는 레이에게 나쁘지 않다고 생각합니다.

나는 샤Shah와 크라이젤Kreisel, 히자브, 헌트Hunt로부터 소식을 들었습니다. 샤와 다른 몇몇 학생은 샤의 집에서 정기적인 토론을 하고 있다고 하는데 분명히 나쁘지 않을 겁니다. 교수들이 참석하지 않는 일부 도덕과학클럽 모임도 그런대로 괜찮습니다.

언젠가 다시 당신과 함께 지낼 수 있기를, 노먼과도 얘기를 나눌 수 있게 되기를 바랍니다.

당신들 모두에게 나의 사랑과 감사를 전합니다.

루트비히

추신. 로젠탈Rosenthal의 소식은 전혀 듣지 못했습니다.[1]

* 영국 등에서 크리스마스 뒤에 오는 첫 평일을 공휴일로 지정한 것. (옮긴이)
1. 편지에서 내가 친구인 토마스 로젠마이어Thomas Rosenmeyer를 언급했던 것으로 믿는다. 비트겐슈타인은 그를 케임브리지에 있을 때 잠깐 마주친 적이 있다(《회상록》, 48쪽). 비트겐슈타인이 쓴 '로젠탈'은 로젠마이어를 가리키는 게 아닌가 생각한다. 로젠마이어는 UC 버클리에서 고전학 교수가 되었다.

26

킬패트릭 하우스
레드크로스
위클로
에이레
1948 2월 5일

노먼에게,

자네의 1월 6일자 편지를 오래전에 잘 받았네. 고맙네! 나는 지금 육체적으로 매우 건강하네. 연구 진행 상황도 나쁘지 않고. 때때로 이상한 신경 불안 상태에 빠지는데 그게 지속될 때는 기분이 아주 비참해지고, 기도를 하게 만든다는 정도만 얘기하겠네.

키르케고르의 '사랑의 작업'은 읽어보지 못했네. 어쨌든 키르케고르는 나에겐 너무 심오한 사람이야. 그는 내게 좋은 영향을 주는 대신 나를 당혹케 해. 아마 더 깊은 영혼을 가진 사람에게는 좋은 영향이 있겠지만. — 몇 년 전 드루어리가 나와 스키너에게 '멕시코 정복사'의 초반부를 읽어주었는데 우리 모두 매우 흥미를 느꼈네. 물론 내가 프레스콧의 사제적인 관점을 좋아하지 않는다는 것과는 별개의 이야기라네. — 나는 책을 별로 읽지 않는다네. 신에게 감사할 일이지. 나는 그림Grimm의 동화들과 비스마르크Bismarck의 '회상록 Gedanken & Erinnerungen'에서 내가 아주 감탄하는 글들을 읽는다네. 물론 내가 비스마르크의 관점에 동의한다는 건 아니야. 그 책은 문장이 길어서 약간 어렵긴 하지만 매우 훌륭한 독일어로 쓰였지. 어렵지 않았다면 자네에게 읽어보라고 추천했을 텐데.

많은 행운이 있기를 비네. 자네도 나에게 행운을 빌 거라는 걸 아네. 그리고 **난 그게 필요하다네!**

리와 레이에게 안부 전해줘
자네의 다정한,
루트비히

여기엔 이야기를 나눌 사람이 없네. 그게 좋은 점이지. 어떤 면에선 나쁘지만. 때때로 진정으로 우정 어린 말을 할 수 있는 사람을 보는 건 좋은 일이네. **대화**까지는 필요하지 않아. 가끔씩 미소를 던질 누군가만 있으면 되지.

---

1. 나는 D.F. & L.M. 스웬슨Swenson이 영어로 옮긴 키르케고르의 《사랑의 작업》(Princeton University Press, 1946)을 읽고 있었다. 나는 이 책에 깊은 감명을 받아서 그것을 편지에 썼다.
2. 같은 편지에서 나는 W.H. 프레스콧의 《멕시코 정복사 History of the Conquest of Mexico》(전 3권, London, 1843)를 재밌게 읽고 있다고 말했다.

27

킬패트릭 하우스
레드크로스
위클로
에이레
1948 3월 15일

노먼에게,

몇 주 전 자네 편지를 잘 받았네. 폰 브릭트[1]가 교수직 응모와 관련해서 내게 편지를 보내 추천장을 써줄 수 있는지를 묻기에 추천사를 써주었는데, 만일 그가 교수직을 얻지 못한다면 추천장의 잘못은 아닐 거야. 그가 교수직을 얻을 가능성이 얼마나 되는지 **전혀** 모르겠군. 그 역시 외국인이라는 점에서 **약간은** 가능성이 의심스럽기는 해. — 내 연구는 **아주** 느리고 고통스럽게 진행되고 있네. 하지만 어쨌든 진척은 되고 있지. 너무 쉽게 피곤하지 않도록 좀 더 일할 힘이 있었으면 좋겠다. 하지만 그게 사실이니 받아들여야겠지. 자네가 보내준 잡지는 정말 훌륭하네. 사람들이 스트리트앤스미스를 읽을 수 있는데도 어떻게 《마인드》를 읽는지 도무지 알 수가 없어. 만일 철학이 지혜와 어떤 관계가 있다면 《마인드》에는 한 톨의 지혜도 없는 게 확실해. 반면에 탐정소설에는 종종 꽤 많은 지혜의 알갱이들이 있지.

행운을 비네!
자네의 다정한,
루트비히

1. 예오리 헨리크 폰 브릭트는 그때 핀란드에서 철학 교수를 하고 있었다. 그는 1939년과 1947년에 비트겐슈타인의 강의를 들었고 둘은 친구가 되었다. 그는 비트겐슈타인의 후임으로 케임브리지의 철학 교수가 되었다. 몇 년 후 그는 사임하고 핀란드로 돌아갔다. 그는 핀란드 아카데미 회원이며 케임브리지 트리니티 칼리지의 명예 펠로이다. 그는 비트겐슈타인의 유고 관리자 겸 편집자 중 한 명이다. 그와 나는 1947년 비트겐슈타인의 강의를 들을 때 처음 알게 되었고, 우리는 그 이후 개인적, 직업적 우정을 계속 유지했다.

28

로스로 오두막
렌빌 우체국
골웨이 카운티
에이레
1948년 4월 30일

노먼에게,

나의 새 주소를 알리기 위해 쓰는 편지일세. 최근에 많이 힘들었어. 영혼과 심신 모두 말이야. 몇 주 동안 굉장히 우울했다가 그리고는 아팠지. 지금 난 허약해서 완전히 둔해졌어. 5~6주 동안 아무 연구도 하지 못했지. 나는 문명에서 떨어져 서해안의 오두막에서 혼자 살고 있네. 이틀 전에 와서 아직은 불편해. 시간과 정력을 너무 소모하지 않고 집안일을 하는 법을 점차 배워야 할 거야. 아팠던 동안 《서유기》를 읽었는데 놀랍게도 마음에 드는 내용이었네. 전혀 기대하지 않은 결과였지. ― 나를 가장 지치게 하는 건 밤을 지내기가 힘들다는 거야. 희망컨대 그들이 집을 수리해준다면, 나아질 가능성은 있네. 스마이시스나 앤스콤 양으로부터는 오랫동안 소식이 없어.[2] 며칠 전 폰 브릭트의 편지를 받았네. 최근에 정치적인 이유 때문에 걱정이 많던데, 지금은 사태가 좀 나아진 것 같더군. ― 혹시 무어 소식은 들었는가? 오늘은 이만 써야겠다. 머리가 잘 돌아가지 않는군. 리와 레이에게 내 안부를 전해주게. 몸조심하고!

자네의 다정한,
루트비히

---

1. 나는 비트겐슈타인에게 오승은이 쓴 16세기 중국 대중소설 《서유기》(아서 웨일리 Arthur Waley 옮김, Grove Press, New York, 1943)를 한 부 보냈다.
2. G.E.M. 앤스콤은 비트겐슈타인의 학생이자 친구이다. 그녀는 옥스퍼드 서머빌 칼리지의 철학 강사이자 펠로가 되었다. 그녀는 비트겐슈타인의 유고 관리자 겸 편집자 중 한 명이며, 독일어 원문을 영어로 번역한 중심인물이었다. 나는 앤스콤과 그녀의 남편인 피터 기치를 1946년 케임브리지에서 처음 만났고, 우리는 그 이후 친구로 지내왔다.

29

로스로 오두막
렌빌 우체국
골웨이 카운티
에이레
1948년 6월 4일

노먼에게,

보내준 탐정 잡지 고맙게 받았네. 자네가 보내준 탐정 잡지가 오기 전에 도로시 세이어스의 탐정소설을 읽었는데, 너무 형편없어서 우울할 정도였지. 그러다 자네가 보내준 잡지를 펼쳤을 때, 마치 답답한 방에서 나와 신선한 공기를 마시는 것 같았다네. 탐정소설에 대해 할 얘기가 있는데, 여유 시간이 있을 때 알아봐주었으면 좋겠네. 몇 년 전에 노버트 데이비스Norbert Davis라는 작가의 《두려움과의 랑데부》라는 제목의 탐정소설을 아주 재밌게 읽었네.[1] 그 책이 너무 재미있어서 나는 그걸 스마이시스에게뿐만 아니라 무어에게도 빌려주었고 두 사람 모두 내 의견에 동조했지. 자네도 알고 있듯이 나는 수백 권의 소설을 **재미있게** 읽었고 또 읽는 것을 좋아했네. 하지만 내가 생각하기에 훌륭한 책이라고 부를 만한 것은 아마 두 권일 것이네. 그중 하나가 데이비스의 책이라네. 몇 주 전에 아일랜드 마을에서 이상한 우연으로 그 책이 '펭귄' 같은 출판사의 '체리나무 시리즈Cherry Tree books' 판으로 나온 것을 발견했네. — 내가 부탁하고 싶은 것은 노버트 데이비스가 다른 책을 썼는지, 그리고 어떤 책을 썼는지를 서점에서 알아봐달라는 거야(그는 미국 작가다). 정신 나간 소리처럼 들릴지 모르지만 나는 최근에 그 소설을 다시 재미있게 읽었어. 너무 재미있어서 저자에게 정말로 감사의 편지를 쓰고 싶을 정도였지. 바보 같은 말처럼 들려도 놀라지는 말게. 사실 나는 바보이니까 말이야. — 나는 그가 상당히 많은 책을 썼고, 오직 이 책만 정말로 훌륭했다고 하더라도 놀라지 않을 거야.

나의 연구는 그저 그렇다네. 별로 좋지도 않고 **아주** 나쁘지도 않아. 지금 상태로는 철학적 토론을 잘할 수 없을 것 같군. 하지만 상태가 호전되어서 자네와 이야기를 나누게 되길 바라네. — 모든 일에 행운이 있기를! L과 R²에게도 안부를 전해주게.

자네의 다정한,
루트비히

L과 R은 보통 '유음(流音)'이라고 불린다.

---

1. 내 기억으로는 이 저자에 대한 어떠한 정보도 얻을 수 없었다.
2. 리와 레이.

30

로스로 오두막
렌빌 우체국
골웨이 카운티
에이레
1948년 6월 5일

친애하는 리,

오늘 당신의 친절한 편지를 발견했습니다. 이 특별한 탐정 잡지를 펼쳐보지 않았다면 오랫동안 못보고 지나칠 뻔했습니다. 나를 초대해준 것에 큰 감사를 드립니다. 때가 되면 언젠가 한번 와도 괜찮다고 생각하시는 걸 알게 되니 기분이 좋군요. 하지만 지금은 때가 아닌 것 같습니다. 알다시피 내 문제의 주된 근원은 나 자신입니다. 불행히도 그 문제는 내가 어디를 가든 따라다니는군요. 지금은 여기 오기 전보다 **훨씬** 좋아졌습니다. 내 건강은 괴팍한 늙은이치고는 양호합니다. 그리고 내가 항상 불만을 제기하는 것들은 **필요**악입니다. 나의 연구는 그저 그렇습니다. 하지만 그렇다면 나의 재능이 그 정도일 뿐입니다. 그리고 나는 약간 케케묵은 사람이 되어가고 있으며 아무것도 이를 바꿀 수 없습니다. 나는 종종 그 때문에 분개하지만 그것을 견디는 일을 배워야만 합니다. 여기서의 고독은 긴장이지만 또한 축복이기도 합니다. 내가 집안일을 다 해야 한다는 것은 스트레스를 주지만, 그것 또한 의심의 여지 없이 커다란 축복입니다. 왜냐하면 그 덕분에 나는 온전해져서 정상적인 생활을 할 수 있기 때문입니다. 비록 매일 그 일을 **저주**하지만 대체로 내게 이롭습니다.

내가 노파처럼 굴며 그렇게 많이 불평해선 안 되는 게 맞겠지요. 하지만 그것 또한 변할 수 없는 것들 중 하나입니다. — 하지만 나는 **진지하게** 언젠가 시간이 될 때 방문해서 함께 지내고 싶습니다. (물론 당신도 알다시피 어떤 사과는 절대로 익지 않습니다. 그런 사과는 짓무를 때까지 딱딱하고 신맛이 납니다.) — 여기 주변의 시골은 꽤 거칩니다. 비록 오래 산책하지는 않아도 나는 시골길 걷기를 즐깁니다. 다양한 바닷새를 보는 걸 좋아합니다. 지금까지 한 마리만 보긴 했지만, 여기에는 바다표범도 있습니다. 나는 매일 우유를 가져다주는 사람 외에는 아무도 보지 못합니다. 그는 또한 집 주변 일들을 조금 도와주고 난방과 취사에 필요한 이탄이 떨어지지 않도록 신경 써줍니다. 이 사람은 꽤 친절하고 위클로에서 함께 지냈던 사람들보다는 확실히 같이 지내기에는 더 좋은 사람입니다. 가장 가까운 마을은 10마일 떨어져 있습니다. 특별한 잡화류가 필요할 때는, 골웨이로 편지를 쓰면 우편으로 배달해줍니다. — 운이 좋아서 당신과 함께 보낼 날이 오면 좋겠군요. 대단히 재미있을 것 같습니다. 그리고 그때는 내가 토론에서 쓸모가 있었으면 좋겠습니다(지금은 내가 너무 활력이 없습니다).

당신의 다정한,
루트비히

31

로스로 오두막
렌빌 우체국
골웨이 카운티
에이레
[날짜 미상]

노먼에게,

5월 9일자 편지 잘 받았다. 언젠가 자네 집에 가서 함께 지낼 수 있기를 희망하네. 리와 자네가 나와 함께 있고 싶어 하다니 고마운 일이야. 지금은 여기에 머물면서 약간은 제대로 된 연구를 해야 한다네. 내가 성공할지는 신만이 아실 거야. 별로 성공할 자신은 없지만, 아무튼 노력하고 기대해보네. — 이 편지가 도착할 때쯤이면 폰 브릭트가 케임브리지 교수로 선출되었다는 소식을 듣게 되겠지. — 자네가 '토끼의 신부Häsichenbraut'[1]를 읽을 수 있다니 놀랍군. 일부 방언을 이해하지 못하는 건 당연한 일이지. 결국 오스트리아 농부가 북부 독일 사람이 말하는 걸 들으면 알아듣기 힘든 법이니까. 농부가 저지(低地) 독일 방언('도둑과 그 두목De Gaudief un sien Meester'과 같은)을 들으면 한 마디도 알아듣지 못할 거야. — 자네 연구가 만족스럽게 되길 바라네!

리와 레이먼드에게 내 안부를 전해주게.

항상 자네의 다정한,
루트비히

자네에게 부탁이 있는데, '네스카페'나 보든Borden에서 만든 분말 커피 한 통을 보내주면 좋겠다. 리는 내가 무슨 얘기를 하는지 알 거야. 단, 이것이 **전혀** 번거롭지 않을 때에 하게.

1. 비트겐슈타인은 1946년 크리스마스 선물로 내게 2권짜리 《그림 동화 *Grimms Märchen*》를 보냈다. 한 편지에서 나는 몇몇 사투리 때문에 힘들다고 썼다. 나는 〈토끼의 신부〉라는 제목의 이야기는 겨우 읽을 수 있었지만, 〈도둑과 그 두목〉은 읽을 수 없었다.

32

로스로 오두막
렌빌 우체국
골웨이 카운티
에이레
1948년 7월 5일

노먼에게,

자네와 리가 보낸 멋진 소포를 사흘 전에 잘 받았네. 정말 고마워. 내가 뭔가(보든 커피) 부탁하면, 부탁한 것의 열 배를 보내리란 걸 알았어야 했는데. 보내준 것은 **대단히** 마음에 들어. 잘 먹도록 할게. 하지만 이걸로 크리스마스 선물은 됐으니 그렇게 해주게.

내 연구는 약간씩 진척되지만 썩 잘되지는 않네. 며칠 전에는 이런 자문도 했지. 과연 내가 대학을 떠났어야 했을까? 결국 가르치는 일을 계속했어야 하지 않았을까? 나는 바로 철학을 계속 가르칠 수 없었을 거라고 느꼈네. 더 빨리 사임했어야 했다고 나 자신에게 말하기까지 했지. 하지만 그때 자네와 케임브리지에 있는 폰 브릭트를 생각하고는 내가 정확히 알맞은 때에 그만두었다고 스스로에게 말했네. 만일 철학적 재능이 이제 사라진다면 불행한 일이긴 하지만, 뭐 그뿐인 게지.

나는 여기서 3~4주 더 머물다가 더블린으로 가서 며칠 동안 드루어리[1]를 만날 계획이야. 그다음에는 런던 부근에서 리처즈Richards[2]와 함께 지내려고 한다(자네는 그를 모를 거야). 그리고 오스트리아로 가서 서너 주 보낼 생각이야. 그쪽에서 양해해준다면 말이지. 오스트리아에 갔다가는, 신이 바라는 대로, 여기로 돌아올 거야. — 혹시 샤를 기억하는지? 내 강의를 들었던 인도인 말이야. 그 친구가 여기서 10마일 떨어진 리난Leenane 마을에 왔다가 어제 나를 찾아왔어. 그를 만나 반가웠지. 비록 우리 대화는 별로 만족스럽지는 못했지만 말이야(나는 요새 종종 지치고 짜증이 나. 말하기 **유감스럽지만**). 그는 8월이나 9월에 인도로 돌아간대. 내 생각에 그는 유럽에 머물고 싶어 하지만, 아마도 이 문명 생활을 잠시 벗어나는 것이 그에게도 이로울 거야. 하지만 내가 어떻게 알겠어! — 샤가 그러는데 크라이젤[3]이 내년에 프린스턴에 **갈지도 모른**다고 하더군.

다시 한 번 고맙고, 자네와 리, 레이먼드 모두에게 좋은 일이 있기를 바라네.

자네의 다정한,
루트비히

1. 모리스 드루어리는 비트겐슈타인의 학생이자 오랜 친구이다. 드루어리는 병원 의사가 되었고 나중에 더블린에서 심리치료 상담사가 되었다.
2. 벤 리처즈Ben Richards는 비트겐슈타인의 학생이자 친구로서 의사가 되었다.
3. 게오르크 크라이젤Georg Kreisel, 비트겐슈타인의 강의를 들었던 수리논리학자. 나중에 스탠퍼드, 레딩, 소르본 등 여러 대학에서 수리논리학 교수직을 역임했다.

33

로스 호텔
파크게이트 가
더블린
1948년 11월 6일

노먼에게,

10월 8일자 편지 잘 받았네. 나는 2주간 케임브리지에 머물면서 원고를 구술하고, 3주 전 여기에 왔지. 여기에 오자 놀랍게도 내가 다시 일할 수 있다는 걸 알았어. 내 두뇌에 햇살이 비치는 이 짧은 기간을 놓치면 안 되겠서서 이번 겨울에는 로스로 가지 않고 따뜻하고 조용한 방이 있는 여기에 머물기로 했네.

드루어리와 리처즈 두 친구를 자주 만나고 있는데, 자네는 이들을 모를 거야. 얼마 안 있어서 다시 고갈되겠지만 지금 당장은 정신이 맑게 느껴져. — 케임브리지에서는 앤스콤 양을 많이 만났고, 롤린스와는 몇 차례 차를 마셨어. 그는 건강해 보이더군. 건강은 중요한 거야. 무어도 한 번 만났는데 즐거운 시간이었어. 자네가 그에게 편지를 했는데 답장을 못 받았다고 말해주었지. 그가 곧 답장해주기로 했어.

내가 만났을 땐 건강했는데, 전반기 여름 동안은 아팠다고 하더군.
 자네가 내 물건의 타자본 원고를 한 부 가지도록 하면 **좋겠지만**, 현재로선 어떻게 해야 그럴 수 있을지 모르겠네. 지금은 사본이 세 부밖에 없네. 내가 한 부 가지고 있고(나는 이게 필요하네), 앤스콤 양이 한 부, 무어가 절반 혹은 3/4, 나머지는 케임브리지에 보관 중인 짐 속 어딘가에 있을 거네. 여기서는 사본을 한 부 더 만들어줄 수 있는 사람이 없네. 그리고 돈이 꽤 **많이** 들 거네. 물론 앤스콤 양이 그녀의 사본을 자네에게 보낼 수도 있지만, 솔직히 말해 나는 그게 영국에 있는 게 안전하다고 생각하네. 사본이 세 부밖에 없는 한은 말일세. 불쾌하게 생각하지 않았으면 하네. 자네가 내 원고의 사본을 원한다니 나로선 기쁜 일이지. 한 부를 더 만들 수 있게 되면 곧바로 보내주겠네.
 리가 인스턴트커피를 보내주어 고맙게 생각해. 잘 마실게. 하지만 **그녀가 다른 걸 더 보내선 결코 안 돼**! 나는 건강하게 지내고 있어. 정신도 원래보다 훨씬 멀쩡하고.
 조만간 만나게 되길 바라네.

자네의 다정한,
루트비히

 추신. 케임브리지에서 폰 브릭트도 만나서 얘기를 나누었는데, 재미있었다네. 리와 레이에게도 안부 전해주게.

34

로스 호텔
파크게이트 가
더블린
에이레
1948년 12월 31일

친애하는 리,

당신과 노먼의 멋진 선물에 감사드립니다! 예전에 말했듯이 당신은 누군가 후견인을 둬야 해요. 그 경우 나는 '위임장'을 받으려고 할지도 모르겠군요(이런 게 내가 항상 탐정 잡지에서 읽는 거죠). 꾸러미에 든 모든 게 훌륭하고 유용합니다. ─ 몇 주 전 노먼에게 아직도 무어가 답장을 안 보냈다고 들었어요. 내 생각에 지금쯤 답장을 받았을 것 같은데. ─ 알다시피 내가 석 달 전 무어를 만났을 때 두 가지를 주시시켰어요. 그중 하나가 노먼에게 편지를 쓰라는 것이었죠. 그래서 노먼에게 편지를 쓰지 않았다는 얘길 들었을 때, 나와 했던 두 번째 약속도 잊어버렸을 수 있다는 생각이 들었어요. 그래서 크리스마스카드와 함께 편지를 써서 두 가지를 다시 상기시켰죠. ─ 당신도 만난 적 있는 리스가 현재 나와 일주일가량 지내고 있어요. 그는 함께 지내기에 좋은 친구입니다. 내가 쓴 글 일부를 그와 함께 읽고 있어요. 그가 1월 1일(내일) 떠날 때 나는 당신이 보낸 마른 계란 한 통을 그에게 주려고 해요. 나는 지금 당장 그게 필요 없지만 그 친구는 필요하거든요. 그러고 보니 당신이 보내준 '인스턴트커피'가 참 좋았습니다. 워싱턴이 정말로 훌륭한 사람이란 걸 알게 됐어요.¹ — 나는 스마이시스한테 크리스마스카드와 편지를 받았습니다. 그는 건강하게 **열심히** 일하고 있어요. 너무 열심히는 안 했으면 좋겠습니다. 저도 꽤 많이 일하고 그럭저럭 잘하고 있습니다. 이 행운이 6개월 정도 계속되기를 희망합니다. 그때쯤이면 일의 큰 부분은 끝낼 수 있을 테니까요. — 여기 날씨는 지금 춥습니다. 내가 좋아하기엔 **너무** 춥군요. — 다시 한 번 감사드리며, 사랑스런 카드도 고마워요. 당신과 노먼, 그리고 레이에게 행운을 빕니다.

루트비히

나는 종종 당신을 생각하며, 머지않아 모두를 다시 보고 싶습니다!

추신. 노먼이 흥미 있어 할 것 같아서 노먼 앞으로 책을 한 권 주문했습니다. 어제 그 **형편없는** 서점 사람들이 출판사한테 틀린 주소를 알려줬다는 사실을 알게 됐습니다. 그래서 그가 언제 책을 받을 수 있을지는 아무도 모릅니다! 별일은 아니지만 유감입니다. 나는 종종 당신을 생각하며, 머지않아 모두를 다시 보고 싶습니다!

---

1. 아마 인스턴트커피의 브랜드가 '워싱턴'이었던 것 같다.

35

로스 호텔
파크게이트 가
더블린
1949년 1월 28일

노먼에게,

부끄럽지만 이 질문을 해야겠네. — 크리스마스 며칠 전에 값싸고 작은 책을 더블린의 서점에서 주문했었지. 제목은 '조지 폭스의 일기 The Journals of George Fox'이고 덴트Dent 사의 '만인의 도서관Everyman's Library' 시리즈로 출간된 책이야. 절판되지 않았다면 런던의 덴트 사 무실에서 자네에게 직접(내 크리스마스카드와 함께) 보내기로 했는데, 내 생각에 자네가 그 책을 못 받았을 것 같아. 자네가 흥미 있어 할 책인데 말이야. — 12월 말에 그 서점에 다시 전화해보니, 덴트 출판사에서 미국으로는 책을 보낼 수 없고 뉴욕의 더튼Dutton 사에 서 미국에 '만인의 도서관' 시리즈를 공급한다는 회신을 받았다고 해. 그들이 이미 더튼 사에 이와 관련해서 편지를 썼다고 말해주더군. 우연히 그들의 주문 장부를 흘깃 봤는데, 그들이 적은 주소는 '맬컴 박사, 이타카, 뉴욕'이 전부였어. — 나는 큰소리로 야단치고 상세 주소를 다시 불러주었지. 그들은 더튼 사에 즉시 편지하기로 약속했어. — 그 책을 받았나?[1] — 서점 사람들은 내가 준 카드를 분실한 게 틀림없어. 따라서 자네가 그 책을 받았더라도 누가 보냈는지 알 수 없었을 거야.

나는 지난 석 달간 상당한 연구를 했네. 하지만 3주 전에 장염에 걸려서 앓았는데 아직 회복되지 못했네. 일주일 더 지속되면 전문의를 찾아가봐야 할 것 같네. 물론 장염은 내 연구에 도움이 되지 않았지. 한 주 통째로 연구를 중단해야 했고, 그 후로는 산책할 때만 연구를 하니까 느릿느릿 진행되고 있지.

자네 부부 모두 잘 지내길 바라네. 머지않아 다시 만나면 좋겠군. 리와 레이먼드에게도 안부 전해주게.

자네의 다정한,
루트비히

1. 나는 그 책을 잘 받았다.

36

로스 호텔
파크게이트 가
더블린
1949년 2월 18일

노먼에게,

편지 잘 받았네. 책을 받았다니 기쁘군. 나는 그들이 책을 자네에게 보내지 않았다고 확신했거든. — 하지만 '우리 모두를 생각해주다니 대단히 친절하시군요'라고 쓰는 건 얼마나 괴상한 일인가! 자네는 그것을 썼을 때 전혀 생각하지 않았음이 틀림없어. ─ 이제 무어에 대한 얘기. ─ 나는 무어를 정말로 이해하지는 못하네. 따라서 내가 말하는 것은 틀릴 수도 있지. 하지만 내가 말하고 싶은 것은 이거야. ─ 무어가 어떤 의미에서 예외적으로 어린아이처럼 순진하다는 것은 분명하네. 자네가 인용한 (허영심에 관한) 언급은 분명히 순진함의 사례니까. 무어에게는 또한 **어떤** 순수함이 있지. 예를 들어 그는 전혀 허영심이 없네. 어린이 같은 순진함이 그에게 '**명예가 된다**'는 것에 대해서는 ─ 나는 그 말을 이해할 수 없네. 그것이 **어린이**에게도 명예가 되지 않는다면 말이야. 왜냐하면 자네는 한 사람이 싸워서 지킨 순진함이 아니라 유혹당하지 않도록 타고난 천성에 관해 말하고 있기 때문이네. ─ 나는 자네가 말하고자 했던 것이 자네가 무어의 순진함을 **좋아한다는** 것, 또는 심지어 **사랑한다는** 것이라고 믿네. 그렇다면 **이해할** 수 있지. ─ 나는 우리의 불일치가 생각이 다른 게 아니라 느낌이 달라서라고 생각하네. 나는 무어를 **좋아하고** 무척 존경하지만, 그게 전부일세. 그는 내 가슴을 따뜻하게 데워주지 않아(따뜻하게 해준다고 해도 아주 약간뿐이지). 왜냐하면 내 가슴을 가장 따뜻하게 해주는 것은 인간적인 다정함인데, 무어는 ─ 바로 어린아이처럼 ─ 다정하지 않기 때문이네. 그는 친절하고, 매력적이고, 자기가 좋아하는 이들에게 잘 대해주며, **깊이**가 있지. ─ 내가 보는 무어는 그렇다네. 내가 틀렸다면, 틀린 것이겠지. ─ 내 연구는 아직도 꽤 잘되고 있네. 6주 전만큼 좋지는 않지만, 약간 아팠기 때문이기도 하고 또 수많은 것들이 정말로 걱정스럽기 때문이네. ─ 돈 걱정을 하는 것은 아니야. 물론 나는 돈을 꽤 많이 쓰는 편이지만 앞으로 2년은 충분할 것 같네. 그동안 신의 뜻대로 일을 끝마치

려고 하네. 결국 그 때문에 교수직을 그만둔 것이니까. 나는 **이제 돈
에 대해 걱정해서는 안 되네.** 돈 걱정을 해서는 연구를 할 수 없기
때문이지. (그 뒤에 무슨 일이 일어날지는 나도 모르네. 어쨌든 그때
까지 오래 살지는 못할 것 같네.) — 지금 내 걱정 가운데 하나는 빈
에 있는 누이의 건강일세. 최근에 암 수술을 받았는데 수술은 성공
적이었지만 누이는 **오래** 살지 못할 거야. 그런 이유로 다음 봄쯤에
빈에 가려고 하네. 그것은 자네와도 관련이 있어. 빈에 갔다가 나중
에 영국으로 돌아오면 지난 가을부터 써온 것들을 구술하려고 하네.
그렇게 **된다면** 사본 한 부를 자네에게 보내주겠네. 그것이 자네 연
구 분야에서 밑거름 역할을 하기를 바라네.
  리와 레이먼드에게 안부 전해주게(레이가 **항상** 싹싹한 사람으로 남
아 있기를 바라네. 하지만 그것이 무리한 요구라는 걸 알지). 안녕히!

자네의 다정한,

루트비히

1. 비트겐슈타인에 보낸 편지에서 나는 무어와 가졌던 대화를 이야기했다. 우리는 내가 아는 어느 미국 철학자의 특징에 대해 말하고 있었다. 나는 무어에게 이 철학자는 자신의 철학 책에 대한 비판에 적대적인 경향이 있다고 말했다. 무어는 당황스런 모습을 보였다. 나는 그에게 말했다. "허영심이 얼마나 철학자로 하여금 자기 저작에 대한 비판에 화내게 만드는지 이해하지 못하시나요?" 무어는 파이프를 입에서 빼고 머리를 흔들며 대답했다. "이해할 수 없네!" 이 사건을 비트겐슈타인에게 언급할 때 아마도 나는 이것이 무어의 '순수함'과 '어린애 같은' 성격을 보여주는 사례이며 그것이 그의 '칭찬할 만한 장점'이라고 말한 것 같다.
2. 교수직을 사임한 후 비트겐슈타인은 수입이 없었다. 나는 그가 생활에 충분한 돈이 있는지 관심을 표명했다. 1912년 부친이 사망하자 비트겐슈타인은 엄청난 재산을 상속받았다. 전쟁이 끝나

고 빈으로 돌아왔을 때 그는 재산을 던져버리는 작업에 착수했다. 그는 유산을 형제와 누이 들에게 주었다. 한번은 그가 이렇게 말했다. "그들은 이미 돈이 너무 많아서, 좀 더 많아진다고 해서 큰 해가 되지는 않을 것이다!" 그의 누이 헤르미네가 루트비히에 대해 쓴 짧은 회상록에서 말하듯, 가족과 친구들은 어떻게 나중에 결정을 후회할 경우를 대비하여 일부를 남겨둔다는 단서 조항도 없이 모든 돈을 돌이킬 수 없는 방식으로 기부하길 원할 수 있는지 그를 이해할 수 없었다. 그녀는 말한다. "그는 어떠한 형태로든 자신에게 속한 돈이 조금이라도 있을 가능성이 전혀 없어야 한다고 수백 번 확인하고자 했다. 그가 이 점을 계속해서 되뇌었기 때문에 그 돈의 이전을 맡은 공증인은 낙담했다." (헤르미네 비트겐슈타인Hermine Wittgenstein, 〈내 동생 루트비히My Brother Ludwig〉, in Rhees, 앞의 책, 4쪽)

37

로스 호텔
파크게이트 가
더블린
1949년 3월 19일

친애하는 리 그리고 노먼,

친절한 초대에 감사드립니다.¹ 거의 일주일 전에 편지를 받았지만 생각이 무척 혼란스러워서 답장을 할 수 없었습니다. 그리고 오늘도 일관성 없는 문장들로 뒤죽박죽된 편지보다 더 잘 쓰기는 힘들 것 같습니다. 먼저 (a)당신들의 친절함에 깊은 감사를 느낍니다. (b)이 초대를 받아들이고 싶은 유혹을 **강렬하게** 느낍니다. 하지만 커다란 어려움이 있습니다. ─ 나의 맏누이가 내가 아는 한 아직 살아 있습니다. 그리고 다른 누이 둘은 내가 조만간 빈을 방문하기를 원할지도 모릅니다. 그렇다면 아마도 나는 다음 3주 이내로 빈으로 가서 3~4주 동안 머물게 될 것입니다. — 나는 여행사에 가서 미국으로 가는 것에 대해 문의했습니다. 왕복으로 약 80~120파운드 비용이 든다고 합니다. 게다가 나는 5파운드 이상 소지하는 것이 허락되지 않기 때문에 당신들이 내 미국 체류비를 모두 부담해야 할 것이라고 들었습니다. 사실 내가 알기로 당신들은 내 미국 체류비 전부를 부담할 능력과 의지가 있다는 재정보증서를 제출해야 한다고 들었습니다. 이런 제한이 없다면 나는 이론적으로는 미국에서 내 돈을 쓸 수 있겠지만, 사실 나는 **그 비용을 감당할 수 없습니다**. 나는 오직 **두세 달** 당신들 집에 머물면서 신세 지는 경우에만 여행 비용을 감당할 수 있습니다! — 당신 집에 그 정도 기간 동안 체류한다고 생각하면 내 입장에서는 매우 즐거운 일입니다. 하지만 내가 나이 든 사람이고 급속히 노화하고 있다는 뜻하지 않은 장애가 있습니다. 내가 아는 한 정신적으로는 괜찮은데 신체적으로 그렇다는 뜻입니다. 이것은 당신들이 나를 어떤 **여행**에도 데려가지 못한다는 의미입니다. 나는 산책하는 데는 문제가 없지만, 케임브리지에서 했던 것보다 더 잘할 수는 없습니다. — 같은 이유로 정원 일도 잘하지 못할 것입니다. — 이 모든 어려움이 없다면, **총알처럼** 달려가서 한 명과는 토론을 하고, 다른 한 명에게는 폐를 끼치면서 당신들과 함께 지내고 싶습니다. 한 가지 잊어버린 게 있습니다. 지금 당장 3등석 표를 예약해도 7월 중순 전에는 출발할 수 없습니다. **훨씬** 비싼 2등석 표를 예약하면 5월 중순이나 말경에 여행할 수 있습니다. 하늘만이 7월에 당신들이 어디에 있을지를 알 겁니다. 하지만 내가 더 일찍 간다 해도, 9월까지 머무르면서 당신들의 여름휴가 동안 무거운 짐이

되어야 합니다. — 이상이 혼란스런 정신 상태 속에서 최대한 생각
해본 내 입장입니다. —

나는 당신들이 나를 초청할 때 이 모든 장애들을 깨닫지 못했을
거라고 생각합니다. 부디 내가 이 편지에서 말한 **모든 것**들을 진지
하세, 액션 ㅗ내로 검토해보십시오.

친절에 감사드립니다.

당신들의 다정한,

루트비히

---

1. 비트겐슈타인에게 보낸 편지에서 우리는 그에게 1949년 여름을 함께 보내자고 분명하게 초청
했다.

38

로스 호텔
파크게이트 가
더블린
1949년 4월 1일

노먼에게,

3월 24일자 편지 잘 받았네. 나는 7월 21일 뉴욕행 퀸메리호 표를
예약했네. 건강과 다른 상황이 허락하면, 나는 자네와 리에게 2~3개

월 동안 큰 민폐를 끼치러 가게 되겠지. 모든 것이 잘 풀리기를. ― 자네의 편지는 보증서로 쓸 수 없었네. 자네가 생각하는 것보다 **훨씬** 더 공식적인 일이더군. 규정을 스크랩한 것과 보증서 양식을 첨부하네. 이 모든 관료적 형식주의가 가증스럽지만, 우리는 그걸 바꿀 수 없다네. 그러니 그 빌어먹을 것을 꼼꼼히 읽고 모든 요구사항에 동의해주게. 한 가지 더 말할 게 있네. 인생은 무슨 일이 일어날지 알 수 없네. 그러니 만약 나중에 자네가 **어떤 이유로든** 내 방문에 대해 마음을 바꿀 생각이면 나에게 **기탄없이** 말해주게. 표를 산 돈은 **전액** 환불 가능하다고 들었네(10실링은 공제되는데, 그건 아무것도 아니니까). ― 지난 2~3주 동안 아무 연구도 못 하고 있네. 내 마음은 피곤하고 썩어 있네. 내가 약간 탈진했기 때문이기도 하고, 걱정거리가 많아서이기도 하네. 토론할 사람이 있다면 철학에 대해 토론할 수 있을 것 같지만 혼자서는 철학에 집중할 수 없네. 언젠가 모두 바뀔 것이라고 생각하네. 빠를수록 좋겠지. ― 그러면 나에게 보증서를 송부하고, 나를 만나 충격을 받을 준비를 해두게. 자네와 리, 그리고 레이를 만나길 고대하고 있네. 리에게 고맙다고 전해주게.

자네의 다정한,
루트비히

39

로스 호텔
파크게이트 가
더블린
1949년 5월 17일

노먼에게,

일찍 편지를 못 써서 미안하네. 자네의 보증서 등을 약 3주 전에 빈에서 받았네. 4월 중순에 빈에 가서 중병에 걸린 큰누이를 만났네. 5일 전에 떠날 때 누이는 살아 있었지만 회복될 가능성은 없네. 여기엔 지난밤에 도착했네. 빈에 있는 동안 거의 아무런 연구도 할 수 없었네. 내가 썩어버린 것 같은 느낌이 들어. 3월 초 이래로 전혀 연구하지 못했는데, 연구를 **시도할** 힘조차 없다네. 앞으로 어떻게 될지는 신만이 아시겠지. ― 여기에 있는 미국 영사관에 가서 자네의 보증서 등을 제출하려 하네. 영사가 제정신이라면 그것만 있으면 되겠지. 편지에 썼던 것으로 생각되는데, 7월 21일 출항하는 퀸메리호 표를 구했네. 자네 부부 모두 건강하길 비네. 그리고 내가 갔을 때 나를 끔찍하게 불쾌하고 지루한 친구로 생각하지 않기를 바라네. 자네 부부 모두에게 행운이 있기를!

자네의 다정한,
루트비히

40

로스 호텔
파크게이트 가
더블린
1949년 6월 4일

노먼에게,

5월 30일자 편지 잘 받았네. 3주 전 여기에 도착했을 때 병원에 가서 혈액검사를 했는데, 다소 특이한 종류의 빈혈이라고 하더군. 복부에 종양이 있을까 의심했는데 엑스레이 검사 결과 종양은 나타나지 않았네. 많은 양의 철분과 간즙을 처방받았고 천천히 나아지고 있네. 7월 21일에 퀸메리호를 탈 수 있을 거라고 생각하네. 그러나 빈혈이 나의 토론 능력에 얼마나 영향을 줄지가 문제군. 현재로서 나는 어떠한 철학도 할 수 없고, 심지어 그럭저럭 괜찮은 수준의 토론조차 감당할 힘이 없네. 사실 현재 나는 토론을 할 수 없다고 **확신한다네**. 물론 7월 말쯤에는 내 두뇌가 다시 연구하기에 충분할 정도로 회복될 가능성이 있을 테지. 기운을 차리면 2주 동안 케임브리지에 가서 연구 결과를 구술할 생각이야. 그걸 보면 내가 어디까지 진척되었는지 알 수 있을 걸세. 결과가 나오면 알려주겠네. 그리고 혈액검사를 다시 받을 건데, 그러면 뭔가 보이겠지. 특히 내가 얼마만큼 회복되었는지 말이야. 내가 **완전히** 무디고 멍청하게 되더라도 자네가 나를 친절하게 대해주리란 걸 알지만 **난** 자네 집에서 그저 할 일 없는 비곗덩어리가 되고 싶진 않네. 그처럼 커다란 친절에 **조금**이나마 보답할 수 있다고 느끼고 싶네. — 어쨌든 7월 21일쯤이면 지금보다는 훨씬 생생해져 있기를 희망하네. (신이 바라는 대로.) ― 여기 미국 영사는 지금까지 꽤 친절했는데, 내가 아일랜드에 충분히 오래 거주하지 않았기 때문에 런던 영사관에서 비자를 받아야 한다고 하더군. 문제 되는 부분이 잘 풀리기를 바라고 있네. ― 앤스콤 양과 스마이시스가 자네를 잊지 않고 있다는 걸 알지만, 그들이 자네에게 편지 쓰기는 힘들 거라는 걸 이해하네. 나도 편지를 거의 못 받고 있으니까. ― 자네를 만나기를 **무척이나** 고대하네! 리와 레이에게 안부 전해주게.

자네의 다정한,
루트비히

추신. 뉴욕에서 이타카로 가는 표는 여기서 끊겠네. 그러나 자네 부부 중 하나가 나를 마중 나와야 할 필요는 없네. 하지만 어려운 일이 아니라면, 자네나 리가 뉴욕에 와서 나를 만날 수 있다면 기쁘겠네. 나는 완전한 이방인에다가 요즘에는 극도로 꼴사나운 모습이니까 말이야.

41

로스 호텔
파크게이트 가
더블린
1949년 6월 14일

노먼에게,

자네의 친절한 편지 고맙게 받았네. 자네의 친절함에 토론으로 지불하겠다는 의미가 아니었네. 어쨌든 내가 자네에게 최상의 것으로 보답한다고 해도 형편없는 것일 테니까. 내가 말하려 했던 건 이거야. 친절한 초청자를 **죽도록** 지겹게 만들고 싶지는 않다는 거지. 그에 대해서는 더 얘기하지 말도록 하세. 특히 나한테 좋은 소식이 있으니 말이야. 며칠 동안 상당히 좋아졌네. 분명히 철분과 간즙의 약효가 좋았던 것 같네. — 자네가 내 방문에 대해 주변에 함구하고 있다니 **매우 기쁘네**. 나는 △△△도 똑같이 입을 다물고 있으면 좋겠네. 우리를 차로 태워주겠다는 그의 제안은 매우 친절하지만, 한 가지 말할 게 있네. 나는 △△△를 16년 동안 보지 못했어. 케임브리지에서 그를 알았을 때, 유쾌한 사람이긴 하지만 그를 진지한 사상가로 생각한 적이 없고, 우리는 특별한 **친구**도 아니었지. 내가 이걸 말하는 이유는 그가 나를 **사교적인** 사람일 거라고 믿기를 원하지 않기 때문이야. 이것이 오해를 불러일으키지 않는다고 자네가 생각한다면, 그의 제안을 기꺼이 받아들이겠네. 뉴욕에서 이타카로 가는 표는 취소하지 않겠네. 사용하지 않은 표는 전액 환불할 수 있다고 들었고, 무슨 일이 일어날지도 모르니까 말이야. 손안에 있는 표 한 장이, 숲 속에 있는 자동차 두 대보다 낫지 않겠나. — 나는 뉴욕에서 이타카까지 얼마나 걸리는지 몰랐네. 자네와 리가 나를 마중하려고 8~9시간 거리를 왕복하는 건 미친 짓이야. 난 혼자서도 이타카로 잘 여행할 걸세. 어쩌면 영화에서처럼 배 위에서 아름다운 소녀를 만나 도움을 받을지도 모르지. 하시만 성말로 혼자 가노 충문하네. 지난번에 편지했을 때는 내가 약간 우울했었어. 건강이 좋아질지 의문이었기 때문이지. 하지만 이제는 괜찮다는 걸 아네. — 한 가지 더 말할 게 있네. 내가 자네를 위해 했다고 말할 수 있는 건 무엇이든 나의 의무였거나(강의처럼) 아니면 단지 함께 있는 게 즐거웠기 때문이야. 결론은 스스로 내려보게! — 어제 라디오에서 에이어Ayer 교수와 예수회 수사[1]가 논리실증주의에 대해 토론하는 걸 일부 들었네. 그 토론을 40분이나 견뎠지.

리와 레이에게 안부 전해주게.

모든 것에 대해 고맙네!

자네의 다정한,

루트비히

---

1. 에이어는 옥스퍼드 대학교의 철학 교수인 A.J.에이어. 예수회 수사는 프레더릭 코플스턴 Frederick Coplestone 신부다. 이것은 BBC 제3 프로그램Third Programme에서의 토론이었다. 주제는 '신의 존재'였을 것이다.

42

스웨이클리스 가 Swakeleys Road 40
이케넘 Ickenham
억스브리지 Uxbridge
1949년 7월 7일

노먼에게,

6월 23일자 편지 잘 받았다. △△△의 제안을 받아들일지 말지는 **자네가** 결정하기 바라네. 내가 말하고 싶은 건, **우리가** 그 제안을 받아들였다고 **해서** 이타카에 머무는 동안 내가 그를 자주 만나야 하는 결과를 초래해서는 안 된다는 점이야. 그런 결과가 나타날지에 대해서는 나보다 자네가 잘 알겠지. 만일 그렇게 예상된다면 나는 차라리 기차로 가겠네. 하지만 그 경우 자네가 이타카에서 나를 마중하려고 먼 길을 오는 것은 미친 짓이지. 나는 이미 이타카행 표가 있다네(표를 사용하지 않으면 환불받을 수 있다). 또 나는 퀸메리호가 **몇 시에** 뉴욕에 도착할 예정인지 아직 모르고, 시간표를 얼마만큼 신뢰할 수 있는지도 모르는 상황이야. 저녁에 도착한다고 했을 때, 그가 밤새 우리를 태우고 돌아갈 수 있을까? 그에게 **매우** 불만스럽지 않을까? — 며칠 내로 도착 시간을 전보로 알려주겠네. — 이번 편지는 놀랄 만큼 어리석어 보일지 모르지만, 더 유익한 편지를 쓸 수가 없다네. 빈혈이 치료한 만큼 좋아졌지만 불행히도 아프기 전 수준으로 회복되지는 못했어. — 어서 자네와 리를 보고 싶네. 내가 너무 골칫거리가 되어서는 안 될 텐데.

안녕히! 행운을 비네!

자네의 다정한,

루트비히

추신. 자네가 **어떻게** 결정하든 나는 괜찮다네.¹

1. 나는 배를 마중하기 위해 기차로 뉴욕에 가기로 결정했다. 비트겐슈타인과 나는 같은 날 기차로 이타카에 돌아왔다(《회상록》, 110쪽). 이것은 1949년 7월이었다. 비트겐슈타인은 10월에 영국으로 돌아갔다.

43

리스 부인 전교
골드허스트 테라스 Goldhurst Terrace 104
런던 N.W.6
월요일 [날짜 미상]¹

노먼 그리고 리에게,

내가 왜 그렇게 오래 편지를 보내지 않았는지 의아했을 거야. 불행히도 열흘 전 여기에 도착해서 앓아누웠다네(독감에 걸렸거든). 이제는 좀 나아졌지만, 아직 정상은 아니야. 그래서 오늘 몇 줄 길게 못 쓰는 것을 용서해주게. **자네 부부의 모든 친절함에 감사하네!** 내가 더 좋은 손님이었으면 좋았을 텐데.

나는 수요일까지 아주 친절한 리스 부인 집에 머물 예정이야.²

그리고 아마 케임브리지에 가서 며칠 지내고, 더블린으로 갈 거야. 편지는 아일랜드의 더블린 파크게이트 가에 있는 로스 호텔로 보내면 되네.

도니[3]에게도 안부 전해주게.

다시 한 번 고맙네.

자네의 다정한,

루트비히

---

1. 비트겐슈타인이 영국으로 돌아간 후 첫 번째 편지는 아마 1949년 11월에 쓰였을 것이다.
2. 진 리스Jean Rhees, 러시 리스의 부인이며 융 학파 심리학자.
3. 윌리스 도니, 나의 친구이며 코넬 대학교 철학 강사. 나중에 다트머스 대학교의 철학 교수가 되었다. 도니는 비트겐슈타인을 자신의 차로 드라이브해주었고 이타카에서 비트겐슈타인과 몇 차례의 철학 토론에 참가했다.

44

폰 브릭트 전교
'스트래세어드Strathaird'
레이디 마거릿 가Lady Margaret Road
케임브리지
[날짜 미상]¹

노먼에게,

편지 잘 받았네! 방금 의사에게 진단을 받았는데 전립선암에 걸렸다고 하더군. 병의 증세를 완화시키는 약(실제로는 무슨 호르몬이야)이 있어서 몇 년 동안 더 생존할 수 있다고 하는데 어떤 면에서 이 얘긴 실제보다 훨씬 안 좋은 소리로 들려. 심지어 의사는 내가 다시 연구할 수 있을지도 모른다고 하더군. 하지만 나는 그럴 거라고는 생각하지 않네. 나는 암에 걸렸다는 말을 들었을 때 전혀 놀라지 않았지만, 암에 대한 대응법이 있다는 말을 듣고는 **깜짝 놀랐지**. 왜냐하면 나는 더 살고 싶지 **않기** 때문이야. 하지만 내 소원대로는 안 될 것 같아. 모두가 나를 친절하게 대해주고 있는데, 아주 친절하지만 그렇다고 바보도 아닌 의사를 만났거든. 나는 종종 자네와 리를 감사의 마음으로 생각하네. 도니와 리에게 안부 전해주게.

자네의 다정한,
루트비히

---

1. 이 편지는 1949년 12월 초에 받았다.

45

스트래셰어드
레이디 마거릿 가
케임브리지
1949년 12월 11일

친애하는 나의 노먼,

자네에게 부탁할 게 있어. 간단히 말해 **어떤 경우에도** 아직 내용을 모르는 **누구에게도** 내가 무슨 병에 걸렸는지 알리지 말아주게. 리에게도 그렇게 하라고 전하고. 이건 내게 매우 중요한 일이야. 왜냐하면 크리스마스를 보내기 위해 빈에 가려고 하는데, 가족에게 진짜 병명을 알리고 싶지 **않으니까**. — 폰 브릭트가 그러던데 리가 친절하게도 내게 아일랜드로 소포를 보냈다고 하더군. 늦지 않게 찾아올 생각이야. 자네의 모든 친절함에 감사하네(자네 부부 모두 말이야). 아마 적절한 크리스마스 선물을 못 보내고 뒤늦게 초라한 선물을 보낼 것 같아. 리와 무니 박사, 도니와 바우스마[2]에게 안부 전해주게. 나는 천천히 다시 강해지고 있네.

자네의 다정한,
루트비히

1. 루이즈 무니 박사, 비트겐슈타인을 진료했다. 비트겐슈타인은 의사들에게 매우 비판적이었다. 하지만 그는 무니 박사를 좋아했고, 그녀가 '정말로 훌륭하다'고 생각했다.
2. 우츠 바우스마는 네브래스카 대학교의 철학 교수였다. 내가 네브래스카 대학교의 학생이었을

때, 철학에 대한 나의 관심을 일깨울 분이 바우스마 교수였다. 우리는 친구가 되었다. 그는 1949년 여름 비트겐슈타인이 우리 집에 머물 때 코넬 대학교에 방문 교수로 와 있었다. 나는 그를 비트겐슈타인에게 소개했고, 그는 이타카에서 여러 차례 비트겐슈타인과의 토론에 참여했다.

46

4구역 아르겐티니어슈트라세 16
빈
오스트리아
1949년 12월 29일

노먼에게,

나는 12월 24일 비행기로 빈에 왔네. 이걸 보면 내가 꽤 건강하다는 걸 알 수 있을 거야. 나는 더 이상 '비관하고' 있지 않아. 내가 만일 예전에 그랬다면 말이야. 지금까지 나는 대단한 행운아였지. 나는 여기서 잘 배려받고 있네. 음식도 **대단하지!** — 내 건강이 불필요하게 언급되지 않도록 조심해주게. 그건 조금도 도움이 되지 않을 테니까. — 자네와 리에게 크리스마스 선물을 보내지 못했군. 하게 된다면 부활절 선물이 될 거야. — 큰누이는 너무 약해져서 몇 주밖에 못 살 것 같아. 누이는 극진한 보살핌을 받고 있고 필요한 모든 것을 갖추고 있어. — 리가 더블린으로 보낸 소포가 거기에 도착했다고 하는데 여기로 전달될 거네. 엄청 멋지고 내게 너무나 좋은 것이겠지. — 리와 레이, 그리고 도니와 바우스마 교수에게 안부 전해주게. 자네도 빠뜨리지 말고.

자네의 다정한,
루트비히

47

4구역 아르겐티니어슈트라세 16
빈
1950년 1월 16일

노먼에게,

12월 26일자 편지 잘 받았다. 나는 지금 매우 좋고 전혀 우울하지 않아. 나는 **대단히** 운이 좋았어. 무니 박사조차도 내 병을 알아채지 못했다니 매우 운이 좋았던 거지. 그녀에게 안부를 전해주게. — 내 머리는 요즘 매우 둔하게 돌아가지만, 별로 신경 쓰지 않네. 나는 여러 잡다한 것들, 예를 들어 괴테의 색채 이론 같은 걸 읽고 있네. 이 책은 그 황당함에도 불구하고 매우 흥미로운 점들이 있어서 내 생각을 자극하지. — 자네 부부가 보낸 소포에 문제가 생겨서 유감이네. 하지만 리에겐 내게 좋은 걸 많이 보내면 안 된다는 교훈이 되겠지! 적어도 나는 그렇길 바라네. 나는 부끄럽게도 과식을 하고 있어서 계속해서 살이 찌고 있어. — 다시 자네와 도니, 그리고 넬슨[1]과 토론할 수 있으면 좋겠군. 그들에게 내 안부를 전해주게. 우리가 만나면 내가 꽤 느리고 멍청해졌다는 걸 알게 될 거야. 아주 짧은 순간만 정신이 명료하고 생각이 충분히 명료하지 않아서 아무것도 못 쓰고 있네. 그렇다고 문제 되는 건 아니지만.

내 안부와 **감사**를 리에게 전해주게.

항상 자네의 다정한,

루트비히

도니에게 크리스마스카드가 충분히 화려하지soupy 않았다고 전해주게.

1. 존 넬슨. 코넬 대학교 철학과 대학원생이자 나의 친구이다. 나는 그를 비트겐슈타인에게 소개했고 그는 몇 차례 토론에 참석했다. 넬슨은 콜로라도 대학교 볼더의 철학 교수가 되었다.

48

4구역 아르겐티니어슈트라세 16
빈
1950년 2월 12일

노먼에게,

나의 맏누이가 어제 돌아가셨다네. 누님의 마지막은 평화로웠어. 우린 며칠 동안 예상했었기 때문에 큰 충격을 받지는 않았지. — 나는 여기에 한 달가량 더 머무를 생각이야. 며칠 전에 앤스콤 양과 꽤 훌륭한 토론을 했을 정도로 매우 건강하다. 지난여름 이타카에 있을 때보다 지금의 내가 자네에게 더 도움을 되었을 텐데. — 리가 아기를 임신했다니 기쁘다. 레이가 새로운 상황에 적응하는 데 힘들지 않길 **바라네**. 그런 경우에 새 아기가 모든 애정을 받고 나이 많은 아이는 맞건 틀리건 무시받는다는 느낌을 받게 되지. 레이에게는 이 얘기를 하지 말게. 그 애한테는 전혀 맞지 않는 얘기일 **수도** 있으니까. — 라일Ryle의 책[1]이 나를 걱정하게 만들지는 않아. 아마 걱정해야 마땅하겠지만, 걱정되지 않는군. 하지만 자네가 그것에 대해 쓴 것에는 흥미가 생기는군. 그것은 스마이시스와 앤스콤 양이 내게 말한 것과 부합해. — 나는 자네와 지금 토론하고 싶지만 사람은 모든 것을 가질 수는 없지.

리에게 나의 안부를 전해주고, 좋은 일이 생기는 걸 싫어하지 않는 모든 이들에게 행운이 있기를 기원하겠네.

자네의 다정한,
루트비히

---

1. 길버트 라일Gibert Ryle이 쓴 《마음의 개념*The Concept of Mind*》(Hutchison's University Library, London, 1949). 라일은 옥스퍼드 대학교 철학 교수였다.

49

폰 브릭트 전교
스트래세어드
레이디 마거릿 가
케임브리지
1950년 4월 5일

노먼에게,

나는 3월 23일 빈에서 떠나 어제 이곳에 왔어. 리와 자네의 사랑스런 크리스마스 선물을 발견했고 그 내용을 즐기고 있네. — 며칠 전 옥스퍼드 대학교에서 철학에 대해 여섯 번의 강의를 요청하는 편지가 왔다네. 매년 옥스퍼드 외부 인사가 하는 그런 종류의 강의가 있다고 하는군. 존 로크John Locke 강연이라고 하는데 200파운드를 준다고 해. 하지만 학생 200명이 넘는 대규모 청중이 예상되며, 강의 중 토론은 없어야 한다고 들었어. 나는 아직 분명한 대답을 주지 않았는데 아무래도 못 하겠다고 답신할 것 같아. 나는 대규모 청중들에게 하는 공식적인 강의를 통해 사람들에게 뭔가 도움을 줄 수 있으리라곤 생각하지 않아. 건강은 좋아진 것 같네. 비록 빈에 있을 때만큼은 아니지만 말이야. 하지만 **매우** 무미건조하고 멍청하다네. 이러한 상태로 편지를 써서는 안 되지만, 리와 자네가 크리스마스 소포 보내줘서 고맙네. 행복한 부활절 보내기를 바라네. 나의 사랑과 호의를 필요로 하는 모든 이에게 전해주게.

자네의 다정한,

루트비히

자네와 나, 그리고 도니가 다시 토론을 할 수 있다면!

50

트리니티 칼리지 로부터
케임브리지
1950년 4월 17일

노먼에게,

4월 11일자 편지 잘 받았다네. 나 대신 록펠러 재단의 간부[1]와 접촉하는 수고를 해주다니 고맙네. 이 문제에 대해 내가 생각하는 바를 가능한 한 명확히 말해보도록 하지.

다른 사람들에게 짐이 되지 않으면서 그리고 내가 자연스럽게 하고 싶을 때 철학을 하면서 좋아하는 곳에 살 수 있다는 건 생각만으로도 물론 즐거운 일이야. 철학을 하고 싶어 하는 사람이라면 누구나 그렇게 생각하겠지. 하지만 나는 록펠러 재단 이사가 나에 관한 진실을 완전히 알지 못하는 한 그 돈을 받을 수 없네. 진실을 말하자면 이렇네. (a)나는 1949년 3월 초 이후 어떤 연구도 지속적으로 잘 할 수 없었네. (b)그 이전에도 내가 **제대로** 연구할 수 있었던 기간은 1년에 예닐곱 달 정도였어. (c)점점 나이가 들면서 나의 생각은 뚜렷하게 힘을 잃었으며 명료해지는 적이 더 줄었고 요즘은 무척 쉽게 피곤해진다. (d)가벼운 만성 빈혈 때문에 건강이 다소 약해졌고 이 때문에 나는 병에 전염되기 쉽다. (e)비록 정확하게 예측하는 것은 불가능한 일이지만 나의 마음은 결코 과거처럼, 가령 14개월 전처럼 활기차게 움직이지 못할 것 같다. (f)나는 생전에 출판할 수 있다는 약속은 할 수 없다.

살아 있는 한, 그리고 내 정신 상태가 허락하는 한 나는 자주 철학적 문제들에 대해 생각할 것이며 그것들에 대해 쓰려 할 것이라고 믿고 있어. 또한 지난 15년 내지 20년 동안 쓴 글 대부분은 출판되면 사람들의 관심을 끌 것이라고 보네. 그럼에도 불구하고 내가 생산하려는 **모든 것이** 지루하고 독창성이 없으며 흥미 없는 것이 될 가능성도 확실히 존재해. 젊은 시절 탁월한 연구를 했던 사람들 가운데 나이 들어서 아주 **형편없는** 성과를 내는 경우가 많이 있으니까.

이것이 내가 말할 수 있는 전부라네. 나는 자네가 이 편지를 내 문제로 접촉했던 그 재단 이사에게 보여주어야 한다고 믿어. 거짓된 가장으로 연구비를 받을 수 없다는 것은 분명해. 그리고 자네가 무의식적으로 내 사정을 너무 장밋빛으로 설명했는지도 **모르니까.**

현재 내 건강은 꽤 좋아. 나는 약간의 일을 하고 있지만 단순한 것들로 꼼짝 못하고 있어. 그리고 내가 쓴 대부분은 아주 평범해. — 나는 곧 옥스퍼드로 가서 앤스콤 양의 집에서 살게 될 수도 있어. 나는 폰 브릭트 집에 머물고 **싶지만** 두 아이들 때문에 시끄럽지. 나는 조용한 곳이 필요해. 내가 이토록 예민하지 않았으면 좋았을 텐데! — 편지는 트리니티 칼리지 주소로 보내면 돼. 그 문제에 대해서는 폰 브릭트 주소로 보내도 되고.

오늘은 '동기motives' [2] 에 대해서는 아무것도 쓰지 않는 게 좋겠어.

내가 이에 대해 명확하지 않아 더욱 그렇다네.

리에게 안부 전해주게.

자네의 다정한,

루트비히

---

1. 채드본 길패트릭이었다. 나는 그에게 편지를 써 재단으로 하여금 비트겐슈타인에게 연구 기금을 수여하는 것에 관심을 갖도록 했다. 길패트릭은 이타카를 방문해서 이 문제로 나와 이야기를 나누었다. 1951년 1월 그는 이 문제로 비트겐슈타인을 만나기 위해 옥스퍼드를 방문했다.
2. 비트겐슈타인에게 보낸 편지에서 나는 분명히 '동기'라는 개념에 대해 어떤 철학적 당혹감을 표명했다.

51

세인트 존 가St. John Street 27

옥스퍼드

1950년 7월 30일

친애하는 노먼, 친애하는 리,

자네 부부가 아들을 낳았다니 기쁘다. 그 주된 이유는 내가 바로 그것을 상상했기 때문이야. 아기에게 잘못된 점 딱 하나가 노먼을 닮았다는 것이라면, 살아가면서 이겨낼 거라고 감히 주장해본다. 모든 일이 아기와 자네 부부와 레이에게 잘 풀리기를! — 록펠러 사람들은 내게 편지하지 않았어. 내가 볼 때 그들이 편지 쓸 이유는 없지. 나도 그들에게 편지를 쓰지 않았으니까. 그들이 왜 내게 연구 기금을 줘야 하는지도 알 수 없고. — 그래도 주었다면 좋았을 테지만 말이야. — 나는 꽤 건강해. 연구하고 있지만 별로 좋지는 않아. 쉽게 피곤해지고 말이야. 역시 여기 기후는 **매우** 나쁜해. (하지만 그것을 핑계 삼으려는 것은 아니야.) — 자네에게 쓴 대로 8월에 노르웨이에 갈 계획이었는데, 갈 수 없게 되었어. 가을에는 갈 수 있을지도 **모르지**. 함께 가려고 했던 사람이 7월에 시험에 떨어져서 벼락치기로 공부해야 하기 때문이야. 그래서 바우스마가 8월에 오면 그를 볼 수 있을지 모르겠군. 나는 철학 토론은 거의 안 하고 있어. 원한다면 학생들을 볼 수는 있지만, 그러고 싶지 않아. 온갖 종류의 불명확한 생각들이 나의 낡은 머릿속을 맴돌고 있어. 아마 이런 불만스런 상태로 영원히 남아 있을 것만 같아. 내가 다시 명료하게 생각하게 되면, 별로 가능성은 없지만, 다시 자네와 이야기를 나누면 좋으련만. — 도니에게 안부 전해주게. 아직도 연락이 닿는다면 말이야.

조만간 다시 자네 소식을 전해주게.

언제나처럼
자네의 다정한,
루트비히

추신. 재킷 고맙게 받았다.[1] 나는 까맣게 잊고 있었는데, 멋지게 수선 해주었더군.

---

1. 비트겐슈타인은 수선이 필요한 재킷을 두고 갔다. 리가 그것을 수선해서 우편으로 부쳤다.

52

세인트 존 가 27
옥스퍼드
1950년 12월 1일

노먼에게,

11월 3일자 편지 잘 받았어. 열흘 전 노르웨이에서 돌아와서 편지를 보았지. 나는 5주간 집을 비웠고, 그 전에 한 달 정도 앓았다네. 노르웨이에서는 함께 갔던 친구가 기관지염에 **두 번**이나 걸려서 앓았어. 그렇게 문제가 끊이지 않아서, 나는 친구들에게 편지하기를 차일피일 미루었지. 그렇다고 우리가 여행을 즐기지 못한 건 아니야. 날씨는 좋았고 우리는 여행을 **즐겼지**. 연구를 하려고 했지만 전혀 할 수 없었어. 조만간 노르웨이로 돌아가서 연구를 해봐야 할지도 모르겠네. 거기야말로 진짜로 조용히 지낼 수 있는, 내가 아는 유일한 장소니까. 물론 더 이상 괜찮은 연구를 할 수 없는 건지도 모르지만, 그런지 안 그런지를 확인해볼 가치는 분명히 있을 거야. 당분간 이 계획에 대해 이야기하지는 말게. 아직 결정한 건 아니니까. 비록 몇 명 정도는 알고 있지만, 내가 알기를 바라지 않는 사람들이 있거든.

앤스콤 양, 스마이시스, 바우스마에게 자네의 안부를 전했다네. 바우스마를 만나는 건 항상 **매우** 즐거워. 바우스마와 그의 부인은 너무나 친절하고 꾸밈없는 사람들이거든. 바우스마가 스마이시스를 정기적으로 만나고 있어 기쁘다네. 바우스마가 이곳에서 만날 가치가 있는 사람을 많이 만나리라곤 생각하지 않네. 그는 또한 A양과 많은 토론을 했어. 자네 말이 맞아. 튜링Turing이란 수학자[1]가 1939년에 내 강의를 들었었고(그 강의들은 **꽤** 한심했지!) 자네가 언급한 논문을 쓴 사람도 같은 인물일 거야.[2] 그걸 읽지는 않았지만 거짓말로 장난치는 논문은 아닐 거라고 생각해. 폰 브릭트는 핀란드에 있는데 1월에 케임브리지에 돌아올 거야. 그를 만나게 될지 모르겠어. 며칠 전 의사를 만났다가 오랜만에 무어를 찾아갔었지. 그는 매우 건강해 보였는데 심장이 안 좋아서 절대 무리하면 안 된다고 하더군.

리에게 안부 전해주고, 도니와 무니 박사에게도 내 소식을 전해주게. 그들을 매우 다시 보고 싶지만 그렇게 할 수는 없을 것 같아.

나의 건강은 아주 나쁘진 않지만, 나는 사실 매우 둔하고 멍청해졌다(이 편지가 보여주듯이).

자네의 다정한,
루트비히

---

1. 수리논리학자 A.M. 튜링, 1939년 비트겐슈타인의 수리철학 강의에 참석했다.
2. 내가 읽고서 '거짓말로 장난치는 것'이 아닌가 의심한 논문은 1950년 《마인드》에 발표된 튜링의 〈컴퓨터 장치와 지능Computing Machinary and Intelligence〉이다. 튜링은 기계가 성공적으로 인간의 지적 행위를 흉내 내는지 여부를 알아보는 시험을 제안했다. 그의 논문은 철학자들 사이에 '튜링 테스트' 혹은 '튜링 게임'에 관한 많은 후속 토론을 불러왔다.

53

세인트 존 가 27
옥스퍼드
1951년 1월 2일

친애하는 노먼, 친애하는 리,

멋진 크리스마스 선물 보내줘서 대단히 고맙네. 지금 그 스웨터를 입고 있는데, 아주 기품 있어 보여. ― 내가 10월에 노르웨이에 있을 때 연구를 하기 위해 거기로 돌아갈 생각이라고 편지를 썼었는지 모르겠군. 거기에 농장을 가지고 있는 친구에게 거기서 겨울을 보내거나 더 오래 머물 수 있는지를 물어보았는데, 가능하다는 얘기를 들었어. 그곳은 **매우** 비용이 적게 들고 아주 조용한 곳이야. 나는 뉴캐슬에서 베르겐으로 가는 12월 30일자 증기선을 예약했었지. 그런데 크리스마스 직전에 내 친구가 숙박이 불가능하다고 통보해왔고, 동시에 나는 앓아누워서 결국 갈 수 없게 되었지. 지금은 아주 좋아져서 나는 노르웨이에 있는 다른 사람에게 편지를 써서 내가 머물 만한 적당한 곳이 있는지를 문의하고는 소식을 기다리고 있는 중이야. 지금까지 소식이 없어 낙관하지는 **않고** 있어. 나는 케임브리지의 주치의 집에서 크리스마스를 보냈어. 노르웨이로 여행 가기 전에 검진을 받기 위해 의사를 찾아갔는데, 그의 집에서 앓아누워서 거기서 머물러야 했지. 어제 여기로 돌아와서 자네의 사랑스런 선물과 크리스마스카드를 발견했네. 케임브리지에서 나는 흥미 있고 아주 잘 썼다고 생각되는 책을 읽었어. 그것은 영국의 영 준장이 쓴 '롬멜'인데 일종의 전기이자 그의 공적에 관한 역사가 담겨 있어. 비록 매우 늦었지만, 크리스마스 선물이 될 수 있다고 생각해서 자네에게 보낸다. 자네가 그 책을 전혀 좋아하지 않을 가능성이 있어.

언제나 좋은 일이 있기 바라며 다시 한 번 고맙네.

자네의 다정한,
루트비히

54

세인트 존 가 27
옥스퍼드
1951년 1월 12일

노먼에게,

자네의 편지와 그림 두 장 잘 받았네. 둘 다 **매우 좋더군**. — 어제 록펠러 재단의 길패트릭 씨가 나를 찾아왔어. 몇 달 전에 자네에게 쓴 편지 내용을 말해주었지. 즉 현재의 건강 상태와 지적인 아둔함을 고려했을 때 기금을 받을 수 없다고 말이야. 그러나 가능성은 없지만, 내가 언젠가 다시 가치 있는 철학 연구를 할 수 있다는 걸 알게 된다면 그에게 편지를 쓰겠다고 말했네. 그리고 우리는 우호적인 분위기에서 헤어졌다네. — 바우스마 가족은 내게 엄청나게 친절해. 나는 그가 스마이시스와 앤스콤 양과 토론을 할 수 있어서 매우 기뻐. 그렇지 않다면 이곳은 철학적 사막일 거야. 난 그저 철학자와 함께 애플 소스를 먹을 정도로만 건강할 뿐이야.[1] 나의 정신은 완전히 죽어버렸어. 그렇다고 불평하는 건 아니야. 왜냐하면 그것 때문에 고통스럽지는 않으니까. 인생은 결국 한 번은 끝나야 하는 것이지. 그리고 정신적인 생명은 육체적인 생명보다 먼저 끝날 수도 있는 거고. — 자네 부부가 보낸 스웨터는 멋지고 내게 꼭 맞아.

리에게 내 안부를 전해주고, 레이에게 행운을 비네.

자네 부부 모두의 친절에 감사하네.

자네의 다정한,
루트비히

바우스마와 길패트릭으로부터 자네가 토론토에서 훌륭한 연구 발표를 했다고 들었다.

---

1. 옥스퍼드에서 그해를 보내던 바우스마 가족은 종종 비트겐슈타인을 식사에 초대했다. 그는 바우스마 부인의 애플 소스를 극진히 좋아했다.

55

'스토리즈 엔드Storeys End'
스토리즈 로Storey's Way
케임브리지
오늘(이게 내가 아는 전부다)[1]

노먼에게,

2월 6일자 편지 잘 받았다. 알다시피 나는 케임브리지에 있다. 주치의[2] 집에 머물고 있어. 그는 매우 친절한 사람이고 훌륭한 의사야. 또한 전문가이기도 해. 나는 다시 심층 엑스레이 치료를 받기로 했는데, 이번에는 척추 쪽이야. 옥스퍼드에서는 건강이 매우 좋지 못했는데 지금은 훨씬 나아졌어(이유는 아무도 모른다). 고통이나 불편은 전혀 없고. — 그래, 바우스마 가족은 천사 같았고, 앤스콤 양도 마찬가지였어. 얼마나 여기 더 머무르게 될지 모르겠다. 그것은 상황이 어떠냐에 달려 있지. — 아프기 전에 내가 노르웨이에 가서 연구를 시도하려 했다는 얘기는 편지에 썼던 걸로 기억해. 심지어 베르겐으로 가는 표까지 끊어놨었지. 내가 언제 충분히 건강해져서 이것을 하게 될지 모르겠어. 아마 못 할 거야. 그렇다면 나는 여기를 떠나 옥스퍼드로 돌아가야 할 것 같아. 현재로서는 연구에 대해 생각조차 할 수가 없어. 하지만 그건 별 문제는 아니야. 오직 내가 너무 오래 살지 않기만을 바랄 뿐! 나는 별로 우울하진 않아. 폰 브릭트가 나를 보러 두 번 왔다. 자네에게 편지를 쓴다는 걸 알았다면 자기 안부도 전해달라고 했을 텐데. 스마이시스와 앤스콤 양도 마찬가지고.

자네와 도니, 넬슨과 다시 얘기할 수 있다면 좋으련만. 하지만 나를 만난다 하더라도 자네는 내 머리가 텅 비어 있는 걸 알게 될 거야 (이타카에 있을 때 이미 절반은 비었지만). 내 안부를 D와 N 그리고 무니 박사에게 전해주게. 그녀를 생각하면 기분이 좋아져. 그녀에 대해 이야기할 때 난 항상 칭찬만 하게 되지. — L과 R, 그리고 C에게 나의 사랑을 전해주게.[3]

언제나처럼 자네의 다정한,

루트비히

1. 1951년 2월에 쓴 편지일 것이다.
2. 에드워드 베번 박사는 비트겐슈타인을 집으로 초대하여 죽을 때까지 그와 베번 여사와 함께 지내도록 배려했다.
3. 리, 레이, 그리고 내 갓난 아들 크리스토퍼Christopher.

56

스토리즈 로 76
케임브리지
1951년 3월 19일

노먼에게,

편지 잘 받았네. 지금은 한 달 전보다 기분이 좋아졌어. 고통은 전혀 없다네. 아마도 몇 주 전에 받은 심층 엑스레이 치료 때문에 나아진 것 같아(이번에는 어깨가 아니라 척추에 치료를 받았네). 물론 나는 매우 쇠약해졌고 시간이 지난다고 상태가 호전되지 않으리란 것도 분명해 보이네. 자네가 1952년 가을에 케임브리지에 올 때까지 내가 지구 위에 존재할 것이라고는 상상할 수 없어. 하지만 모를 일이지.

그런데 나는 조금도 우울하지가 않아. ― 자네가 롬멜 책을 좋아한다니 기쁘군. 나는 최근에 그 책을 다시 읽었는데, **품위 있는** 글쓰기 방식에 거듭 깊은 인상을 받았네. 그런 책은 아주 드물지. 저자는 높은 계급의 다른 사람들과 의견이 일치하지 않는 곳에서는(160~161쪽에서처럼) 매우 조심스럽게 자기 의견을 말하지만, 독자는 항상 그가 무슨 생각을 하는지, 만일 그가 자유롭다면 뭐라고 말했을지를 알 수 있어. ─ 자네가 영국에 있는 동안 레이에 관해 무엇을 해야 할지의 문제가 심각하다는 것을 알겠네. 나로서는 아무것도 제안할 수 없구먼. 하지만 아직 생각할 시간은 많이 있으니까. 폰 브릭트가 자네에게 제안했다니 기쁘군. 그는 몇 주 전에 그 일을 내게 말했지. ─ 어떤 면에서 레이를 유럽에 데려오는 것은 좋을지 몰라(비록 학교에 입학시키지 않는다 하더라도). 왜냐하면 아이의 시야를 넓게 해줄 수도 있기 때문이지. 물론 반대로 눈을 감게 만들 수도 있어. 그래서 모르겠다고 하는 거야. ─ 나는 어제 무어를 만나서 철학 얘기를 했는데, 별로 좋지 않았어. 내가 너무 아둔하고 흐리멍덩했기 때문이야. 혼자 있을 때는 때때로 좀 나아지는 것 같아. ─ 며칠 전에 '뉴 스테이츠맨New Statesman'에서 두 철학 책을 찬양하는 서평을 보았어. 하나는 △△△라는 사내가 썼는데, 자네가 케임브리지에 있을 때 내 강의를 듣던 사람이지. 다른 하나는 □□□, □□□, □□□와 다른 협잡꾼들이 쓴 논문들을 담은 책 같더군. 내가 읽은 서평은 특히 □□□의 언급을 칭찬했는데, 그것은 내 강의에서 바로 가져다 쓴 거더군. 언젠가 이 사람들의 정체를 폭로하는 리뷰를 읽었으면 좋겠다.

리에게 안부 전해주고, 필요로 하는 모든 이에게 나의 호의를 전해주게.

자네의 다정한,
루트비히

57

스토리즈 로 76
케임브리지
1951년 4월 16일

노먼에게,

편지 잘 받았네. 끊임없이 좋았다 나빴다를 반복하는 병약함을 빼면 요즘은 기분이 **매우 좋아**. 이곳의 내 방은 옥스퍼드보다 훨씬 더 쾌적해. **혹시라도** 다른 누군가가 앤스콤 양보다 내게 더 친절할 수 있다는 것은 아니야. 거기에서도 아픈 동안 나는 매우 행복했지만, 이제 종일 기분이 좋으니 여기를 더 좋아하게 되었어. '콘티키Kontiki' 책[1]을 보내줘서 고맙네. 몇 번인가 그 책에 대해 들어봤는데 재미있을 것 같군. — 최근에 무어를 두 번 봤고, 그와 토론을 했지. 한 번은 아주 나빴고, 다른 한 번은 꽤 좋았어. 나쁜 토론이 나빴던 이유는 나 때문이었지. 내게 이상한 일이 일어났어. 약 한 달 전에 갑자기 나 자신이 철학을 하기에 적합한 마음 상태에 있다는 것을 발견했거든. 다시는 철학을 할 수 없으리라고 **절대적으로** 확신해왔는데 말이야. 내 머릿속의 커튼이 걷힌 것은 거의 2년 만에 처음이었어. — 물론 지금까지 단지 5주 동안만 연구했을 뿐이고 내일쯤이면 끝날지도 모르지. 하지만 그게 지금은 나를 기운 차리게 한다네.

나는 대부분의 시간을 집 안에서 지내고 있어. 날씨가 안 좋고 매우 추워서 더욱 그래. 하지만 짧은 산책은 나갈 수 있지. — 모든 게 잘 풀리면, 스마이시스와 바우스마를 만나러 조만간 옥스퍼드에 가고 싶군.

앤스콤 양이 안부를 전해달라고 하네. 나의 사랑을 모든 이에게 전해주게.

자네의 다정한,

루트비히

무니 박사에게 안부 전해주게. 그녀를 생각하면 기분이 좋아져.

1. 토르 헤위에르달Thor Heyerdahl, 《콘티키 *Kon-Tiki: Across the Pacific by Raft*》, 라이언F. H. Lyon 옮김(Rand McNally & Co., Chicago, 1950).

이것이 내가 비트겐슈타인으로부터 받은 마지막 편지다. 이 편지는 그가 죽기 13일 전에 쓴 것이다.

주

1부

1 비트겐슈타인의 《철학적 단평*Philosophical Remarks*》의 서문과 나의 책 《비트겐슈타인》(Blackwell, Oxford, 1982)의 201~216쪽에 수록된 〈당대와 관련하여 본 비트겐슈타인Wittgenstein in Relation to his Times〉을 참조하라.
2 맨체스터 시절의 비트겐슈타인에 관한 자료는 에클스W. Eccles와 메이스W. Mays가 기록했다. 반동 엔진의 설계도와 이 기간 중의 비트겐슈타인의 생활에 관한 다수의 기타 문서는 맨체스터 대학교 도서관에 보관되어 있다. 나는 비트겐슈타인이 항공학 분야에서 자신의 몇몇 발명품에 대해 특허를 가지고 있다고 들었다.
3 나는 비트겐슈타인과의 대화로부터 알게 된 전기적 정보에 대해 그의 사후까지 기록을 남기지 않았다. 나는 대화가 끝난 후 그것을 기록하는 것이 부적절하다고 느꼈다. 그는 과거에 대해 잘 말하지 않았고 가끔 젊은 시절 얘기를 했는데, 그것은 그에게 고통스런 회상이었다. 누군가 전기를 쓸 목적으로 자료를 수집한다는 생각은 분명히 그에게 매우 불쾌했을 것이다.
4 이것은 비트겐슈타인이 내게 말한 내용이다. 그의 설명은 그의 누이인 헤르미네의 노트를 통해서도 확인된다. 따라서 러셀이 《마인드》(NS lx, 1951)에 쓴 회고 논문에서 비트겐슈타인이 케임브리지에 오기 전에 프레게를 몰랐다고 말한 것은 착오로 보인다.
5 나는 비트겐슈타인이 프레게를 처음 방문한 날짜와 케임브리지에 도착할 날을 정확하게 확인할 수 없었다. 그는 맨체스터 대학교에 1911년 미가엘 학기까지 등록하고 있었다.
6 러셀은 《마인드》의 회고 논문에서 이렇게 썼다. "비트겐슈타인을 알게 된 것은 내 인생에서 가장 흥분되는 지적 모험 중 하나였다."

7 문제가 되는 기호체계는 《논고》 6.1203에 설명된 것과 거의 같다. 현재 친숙한 진리표(《논고》 4.31 등)는 그가 나중에 고안한 것이다.
8 "나의 전적인 임무는 명제의 본성을 설명하는 데 있다"라고 그는 전쟁 기간 중 가지고 있던 철학 노트에 썼다.
9 이와 관련해 서로 다른 몇 가지 버전의 이야기가 있다. 여기서 말한 이야기는 비트겐슈타인의 1930년 6월자 철학 노트의 첫머리에 기반한다. 비트겐슈타인의 그림으로서의 명제 개념이 하인리히 헤르츠Heinrich Hertz의 《역학의 원리Die Prinzipen der Mechanik》 서문과 어떤 관계가 있는지를 아는 것은 흥미 있다. 비트겐슈타인은 이 책을 알고 있었고 높이 평가하고 있었다. 이 책이 그에게 끼친 영향의 흔적은 《논고》와 후기 저작에서 찾을 수 있다.
10 이 두 책은 1958년에 《청색 책과 갈색 책으로 널리 알려진 '철학적 탐구'를 위한 기초 연구Preliminary Studies for the 'Philosophical Investigations', generally known as The Blue and Brown Books》(Blackwell, Oxford; 2nd edn. 1969)로 출판되었다.
11 1961년에 《1914~1916년의 노트들Notebooks 1914-1916》(Blackwell, Oxford; 2nd edn. 1979)로 출판되었다.
12 1차 대전 이전에 비트겐슈타인은 문학의 진흥을 위해 익명으로 큰돈을 기부했다. 그의 돈을 받은 시인 가운데는 게오르크 트라클Georg Trakl과 라이너 마리아 릴케 Rainer Maria Rilke가 있었다(더 자세한 내용은 《연소Der Brenner》(1954)에 실린 루트비히 피커Ludwig Ficker의 논문 〈릴케와 알려지지 않은 친구Rilke und der unbekannte Freund〉를 참조). 비트겐슈타인은 트라클의 재능을 높이 평가했지만, 적어도 인생 후반기에는 릴케를 칭송하지 않았다. 릴케의 시가 작위적이라고 생각했기 때문이다.
13 나중에 그 집은 철거의 위기를 겪었다. 건물에 딸린 정원은 파괴되었고 집은 결국 불가리아 정부에 팔렸다. 건물의 원형에 대한 역사와 설명은 베른하르트 라이트너 Bernhard Leitner의 《루트비히 비트겐슈타인의 건축The Architecture of Ludwig Wittgenstein: A Documentation with Excerpts from the Family Recollections by Hermine Wittgenstein》(Press of the Nova Scotia College of Art and Design, Chatham, England, 1973) 참조.

14 헤르베르트 파이글Herbert Feigl, 〈미국의 빈학파The Wiener Kreis in America〉, 《미국사 전망Perspectives in American History》 ii(Harvard University Press, 1968), 639쪽 참조.
15 버트런드 러셀은《철학적 단평》과 관련해서 1930년에 비트겐슈타인의 장학금 수여를 고려하는 트리니티 칼리지 위원회에 다음과 같이 보고했다. "비트겐슈타인의 이 새 연구에 포함된 이론은 새롭고 매우 독창적이며 의심의 여지 없이 중요하다. 그것이 맞는지 나는 모른다. 단순성을 좋아하는 논리학자로서 그렇지 않기를 바라야 할 것이다. 그러나 내가 읽은 바로는 그가 연구를 계속할 기회를 가져야 한다고 확신한다. 왜냐하면 연구가 완성되었을 때 완전히 새로운 철학을 구성하는 것으로 쉽게 판명될 것이기 때문이다." (러셀 경과 트리니티 칼리지 위원회의 허락을 받아 인용함.)
16 교사 재직 중 그는 《초등학생용 사전Wörterbuch für Volks-und Bürgerschulen》(Holder-Piehler-Tempsky, Vienna, 1926)을 출판했다.
17 나는 비트겐슈타인이 프레겔과 러셀로부터 배웠다는 언급과 그가 기존 철학에서 이탈했다는 언급이 충돌하는 것을 본 적이 있다. 하지만 나는 둘 다 실질적으로 옳고 또한 중요하다고 생각한다.《논고》는 유럽 철학에서 프레게와 러셀을 넘어 적어도 라이프니츠(Leibniz)까지 이어지는 확실한 전통 속에 포함된다. 비트겐슈타인의 소위 '후기 철학'은 내가 보기에 꽤 다르다. 그것의 정신은 내가 아는 서양 사상 가운데 아무것과도 닮지 않았고, 다양한 방식으로 전통 철학의 목적과 방법과 반대된다. 이것은 비트겐슈타인의 후기 생각 중 다수가 그가 읽은 저작과 그가 다른 이들과 가졌던 대화에 씨앗을 가지고 있다는 사실과 모순되는 것이 아니다. 비트겐슈타인 자신이 이 문제에 대해《문화와 가치》(폰 브릭트가 편집하고 피터 윈치가 영어로 옮김, Blackwell, Oxford, 1980), 특히 18쪽 이후와 36쪽에서 말하는 것에 주목할 만하다. 뒷부분에서 그는 말한다. "나는 나의 독창성이(그것이 올바른 단어라면) 씨앗이 아닌 토양에 속하는 독창성이라고 믿는다(아마 나 자신의 씨앗은 없을지도 모른다). 어떤 씨앗을 나의 토양에 뿌린다면 그 씨앗은 다른 토양에서와는 다르게 자랄 것이다."
18 《철학적 탐구》서문을 참조하라.
19 펠로 자격은 1935~1936년 전체 학기까지 연장되었다. 그가 교수가 되었을 때, 비

트겐슈타인은 다시 트리니티 칼리지의 펠로가 되었다.
20 파니아 파스칼Fania Pascal은 소련의 정치 발전에 대한 생각이 비트겐슈타인의 계획에 영향을 미쳤다는 것을 의심한다. 러시 리스가 편집한 《비트겐슈타인 회고집》 (Oxford University Press, 1984), 29쪽 이후와 41쪽 이후에 수록된 그녀의 글 〈비트겐슈타인: 개인적 회상Wittgenstein: A Personal Memoir〉를 참조하라.
21 교사로서의 비트겐슈타인에 대한 생생하고 정확한 인상은 《오스트랄라시아 철학 저널Australasian Journal of Philosophy》 xxix(1951)에 게재된 D.A.T.G.-A.C.J.라는 서명의 추모 논문에 실려 있다.
22 무어는 이 강의에 대한 전체 설명 및 흥미 있는 토론을 《마인드》(NS lxiii-lxiv, 1954-5)에 출판했다. 무어의 논문은 비트겐슈타인이 《청색 책》에 앞서는 '과도기' (1929~1933)에 가졌던 일부 견해에 대한 코멘트라고 할 수 있다.
23 이 언급은 수정되어야 하지만 정확히 어떻게 해야 할지 모르겠다. 《1914~1916년의 노트들》로부터 스피노자의 신즉자연Deus sive Natura과 마찬가지로 세계와 신을 동일시하는 관점을 끌어낼 수 있다. 브라이언 맥기니스Brian McGuinness의 논의를 빌렸다. 그의 논문 〈'논고'의 신비주의The Mysticism of the Tractatus〉, 《철학 리뷰》 lxxv(1966) 참조.
24 《철학적 탐구》의 서문을 보라. "이 시대의 암흑."
25 내 논문 〈철학자로서의 게오르크 크리스토프 리히텐베르크Georg Christoph Lichtenberg als Philosoph〉, 《테오리아Theoria》 viii(1942) 참조.

2부

1 이 부분을 읽고서 요릭 스마이시스는 지금 기억하기로는 '무례함'의 문제는 무어 자신이 거리에서 우연히 비트겐슈타인을 만났을 때 처음 제기했다고 한다. 비트겐슈타인은 그 이후 이 문제를 스마이시스 또는 루이와 협의했다고 한다.
2 어니스트 존스Ernest Jones, 《지그문트 프로이트Sigmund Freud》, London, 1955, vol. ii, 446쪽
3 폰 브릭트 교수는 내게 비트겐슈타인이 이 사건을 자신에게 약간 다르게 말했다고 알려왔다. 비트겐슈타인에 따르면 문제가 된 질문은 모든 명제가 '문법'을 가져야 하는지의 여부였다. 스라파는 비트겐슈타인에게 그 제스처의 '문법'은 무엇인지를

물었다. 그 사건을 폰 브릭트에게 설명할 때 비트겐슈타인은 '논리적 형식' 또는 '논리적 다양성'이라는 구절을 언급하지는 않았다 한다.

4 이 문장을 쓴 후에 나는 비트겐슈타인이 언젠가 윤리학에 대한 논문을 한 편 발표했다는 걸 알았다(나로서는 정확한 날짜는 모르지만, 아마도 1929년 케임브리지로 그가 복귀한 지 얼마 안 되었을 때인 듯하다). 이 논문에서 그는 자신이 때로 특정한 경험을 하는데, 그것을 기술하는 가장 좋은 방법은, "그런 경험을 할 때 나는 **세계의 존재에 대해서 경이를 느낀다**고 말하는 것입니다. 그리고 나는 '무언가가 존재해야 한다는 것이 얼마나 특이한 일인지' 또는 '세계가 존재해야 한다는 것이 얼마나 특이한 일이지'와 같은 구절을 사용하려는 경향을 갖게 됩니다"라고 말했다. 그는 계속해서 앞서 언급한 연극에서 표현된 사상과 관계된 어떤 것을 말한다. 즉, 자신은 때때로 "**절대적으로 안전한 느낌을 갖는 경험을 합니다. 그것은 '나는 안전하다. 무슨 일이 생기건 아무것도 나를 해칠 수 없다**'라고 말하려 할 때의 마음의 상태를 뜻합니다."

찾아보기

ㄱ
괴테, J. W. 폰 Goethe, J. W. von 29, 125, 212
그랜트, R. T. Grant, R. T. 150
그림 형제 Grimm, The Brothers 178
기치, P. Geach, P. 64, 73, 181
길패트릭, C. Gilpatrick, C. 125, 128, 218, 223~224

ㄴ
네스트로이, J. Nestroy, J. 81
넬슨, J. Nelson, J. 113, 212~213, 225
뉴먼, J. H. Newman, J. H. 94

ㄷ
다이슨, F. Dyson, F. 87
데이비스, N. Davis, N. 182
도니, W. Doney, W. 112~113, 208~213, 216, 219, 221, 225
도스토옙스키, F. Dostoevsky, F. 31, 72
드로빌, M. Drobil, M. 20
드루어리, M. Drury, M. 99, 102, 133~134, 148, 150, 177, 188

ㄹ
라이프니츠, G. W. Leibniz, G. W. 30, 233
라일, G. Ryle, G. 214
램지, F. P. Ramsey, F. P. 21, 24~25
러셀, B. Russell, B. 13~18, 21, 24~25, 91, 231, 233

로스, A. Loos, A. 20
로젠마이어, T. Rosenmeyer, T. 48, 177
롤린스, C. Rollins, C. 96, 171~172, 189
루이, C. Lewy, C. 47, 143~144, 149, 234
루이스 부인 Lewis, Mrs. C. I. 141
루이스, C. I. Lewis, C. I. 141
리스, J. Rhees, J. 207~208
리스, R. Rhees, R. 133, 148~151, 157, 159, 170, 191, 234
리처즈, B. Richards, B. 188~189
리히텐베르크, G. C. Lichtenberg, G. C. 31~32, 234
릴케, R. M. Rilke, R. M. 232

ㅁ
맬컴, C. Malcolm, C. 225~226
맬컴, L. Malcolm, L. 171~175, 178, 181, 183, 186, 188, 190~191, 194, 196~197, 200, 203, 205~207, 209~215, 218~219, 221~222, 224~227
맬컴, R. Malcolm, R. 98, 171~174, 176, 178, 181, 183, 186, 188, 190, 192, 194, 196, 200, 203, 205, 211, 213, 218, 224~227
몸젠, T. Mommsen, T. 78
무니, L. Mooney, L. 81, 210, 212, 221, 225, 229
무어 부인 Moore, Mrs. G. E. 90
무어, G. E. Moore, G. E. 15, 17~18, 24~26, 46~48, 51, 77, 80, 89~91, 103~105, 113~120, 138, 141~143, 149~151, 165, 173, 181~182, 189~191, 195~196, 221, 227~228, 234
미란다, C. Miranda, C. 40

ㅂ

바우스마 부인 Bouwsma, Mrs. O. 127, 220, 224
바우스마, O. Bouwsma, O. 112~113, 127, 138, 210~211, 219~220, 223~225, 228
바이스만, F. Waismann, F. 18, 22
바흐, J. S. Bach, J. S. 133
베번 부인 Bevan, Mrs. E. 130, 226
베번, E. Bevan, E. 128~130, 226
베토벤, L. 반 Beethoven, L. van 110
볼츠만, H. Boltzmann, H. 12
브라우어, L. E. J. Brouwer, L. E. J. 22
브라운, S. Brown, S. 113
브람스, J. Brahms, J. 11~12
브릭트, G. H. 폰 Wright, G. H. von 6, 47, 102, 132, 134~135, 179~181, 186, 188, 190, 210, 217, 221, 225, 227, 233~235
블랙, M. Black, M. 113
비스마르크, O. 폰 Bismarck, O. von 178
비트겐슈타인, H. Wittgenstein, H. 197, 231

ㅅ

샤 Shah 176, 188
세이어스, D. Sayers, D. 100, 182
셰퍼, H. Sheffer, H. 139
소크라테스 Socrates 71
쇼펜하우어, A. Schopenhauer, A. 14, 18, 30~31
슈베르트, F. Schubert, F. 31
슐리크, M. Schlick, M. 18, 21~22, 79~80
스라파, P. Sraffa, P. 24~25, 92, 234
스마이시스, Y. Smythies, Y. 38, 43, 47~48, 51, 57, 78, 83, 95, 140~141, 143, 145~146, 148~149, 151, 153, 156, 163~165, 167, 170, 181~182, 192, 203, 214, 220, 223, 225, 228, 234
스키너, F. Skinner, F. 99, 142~146, 177
스타우트, G. F. Stout, G. F. 88
스피노자, B. Spinoza, B. 18, 30, 234

ㅇ

아리스토텔레스 Aristotle 30
성 아우구스티누스 Augustine, St. 31, 94
앤스콤, G. E. M. Anscombe, G. E. M. 74, 78, 95, 103, 127, 134, 181, 189~190, 203, 213~214, 217, 220, 223, 225, 228~229
에이어, A. J. Ayer, A. J. 205
엥겔만, P. Engelmann, P. 20
영 준장 Young, Brigadier 129, 222
오승은 吳承恩 181
위즈덤 부인 Wisdom, Mrs. J. 145
위즈덤, J. Wisdom, J. 145, 148, 154

ㅈ

존슨, S. Johnson, S. 61, 160, 163~164

ㅋ

칸트, I. Kant, I. 30
케인스, J. M. Keynes, J. M. 15, 18, 21, 50, 160
켈러, G. Keller, G. 53, 147~148
코플스턴, F. Coplestone, F. 205
크라이젤, G. Kreisel, G. 176, 188~189
키르케고르, S. Kierkegaard, S. 31, 94~95, 99, 133, 177~178

ㅌ

톨스토이, L. Tolstoy, L. 19, 31, 58, 60~61, 72, 93, 156, 159, 161~163
튜링, A. M. Turing, A. M. 221

트라클, G. Trakl, G. 232

ㅍ

파스칼, B. Pascal, B. 31
파스칼, F. Pascal, F. 234
폭스, G. Fox, G. 95, 193
프레게, G. Frege, G. 14, 16, 18, 24~25, 112, 231, 233
프레스콧, W. H. Prescott, W. H. 99, 178
프로이트, S. Freud, S. 62, 82, 166~167
플라톤 Plato 30, 91
피커, L. Ficker, L. 232
핀센트, D. Pinsent, D. 14~16

ㅎ

허튼, B. Hutton, B. 40
헌트 Hunt 176
헤르츠, H. Hertz, H. 232
헤위에르달, T. Heyerdahl, T. 229
화이트헤드, A. N. Whitehead, A. N. 15
흄, D. Hume, D. 30
히자브, W. A. Hijab, W. A. 74, 176
히틀러, A. Hitler, A. 45, 55

비트겐슈타인의 추억

초판1쇄 발행 | 2013년 8월 30일

지은이 | 노먼 맬컴
옮긴이 | 이윤
펴낸이 | 이은성
펴낸곳 | 필로소픽
편집 | 이상복
교정 | 구윤희
디자인 | 드림스타트

주소 | 서울시 동작구 상도동 206 가동 1층
전화 | (02) 883-3495
팩스 | (02) 883-3496
이메일 | philosophik@hanmail.net
등록번호 | 제379-2006-000010호

ISBN 978-89-98045-26-5 03840

필로소픽은 푸른커뮤니케이션의 출판브랜드입니다.

이 도서의 국립중앙도서관 출판시도서목록(CIP)은 서지정보유통지원시스템 홈페이지(seoji.nl.go.kr)와 국가자료공동목록시스템(www.nl.go.kr/kolisnet)에서 이용하실 수 있습니다. (CIP제어번호: CIP2013011031)